I0772378

MEDARDO MEJÍA

FROYLÁN TURCIOS EN LOS CAMPOS DE LA ESTÉTICA Y EL CIVISMO

ERANDIQUE
COLECCIÓN

FROYLÁN TURCIOS EN LOS CAMPOS DE LA ESTÉTICA Y EL CIVISMO

Medardo Mejía

Primera Edición
Tegucigalpa, Honduras-Abril de 2024

ÍNDICE

DE PATRIOTA A PATRIOTA

Leí por primera vez este libro cuando tenía quince años. Fue un obsequio de mi tío, el filósofo, catedrático universitario, escritor, excandidato presidencial y ex diputado del Congreso Nacional, Matías Funes Valladares.

Después de regalarme "Froylán Turcios, en el campo de la estética y el civismo", mi tío me habló de Medardo Mejía, a quien elogió por el profundo amor que siempre tuvo por Honduras.

Al leer los libros de Medardo Mejía y algunos de sus muchos ensayos y artículos, me di cuenta de que mi tío no exageraba en sus elogios.

Han pasado cuarenta y cuatro y cuatro desde la última publicación de la obra. Hoy, vuelve a los escaparates de la librería gracias a Colección Erandique, pero, especialmente, a la autorización que doña Victoria Mejía, hija de don Medardo, nos concedió para resucitar la obra de su padre.

"Mi deseo es que ese legado literario de mi padre llegue a la mayor cantidad de personas posible para que conozcan su pensamiento, su incansable labor por Honduras y su pueblo", señala doña Victoria Mejía, con domicilio en Venezuela.

Hay varias similitudes entre Medardo Mejía y Froylán Turcios. Ambos son Olanchanos (el primero nació en Manto, el segundo en Juticalpa), editaron el Boletín de la Defensa Nacional y la revista Ariel, y, sobre todo, se destacaron como patriotas... en el amplio sentido de la palabra.

Y, como bien lo dice el galardonado poeta Livio Ramírez, los dos han sido olvidados por los hondureños.

"Por eso es tan importante la labor de rescate que realiza Colección Erandique, pues permite que las nuevas generaciones pueden descubrir a sus grandes hombres y mujeres, como Froylán Turcios y Medardo Mejía", señala el autor de libros como Arde como fiera, Descendientes del fuego, Escrito sobre el amanecer, Columna que fluye y Obra reunida.

Don Medardo quiere, de alguna manera, saldar ese olvido al que ha sido condenado Froylán Turcios por una gran parte de la hondureñidad, y lo entrega de cuerpo en alma en un libro que sintetiza la actividad patriótica y literario de quien se enfrentó, con las manos cubiertas de tinta de imprenta, al yankee invasor en 1924.

Lo que don Medardo nos entrega es una guía que nos permite recorrer la producción intelectual de Froylán Turcios: sus novelas, sus cuentos, sus bellas revistas, su amistad con Juan Ramón Molina, la labor realizada para dar a conocer al mundo la lucha de Sandino…

Quizá su existencia hubiera sido más feliz en un mundo más aromático y superior; pero, a falta de éste, él trata de hacerse uno a su manera, labrándose, poco a poco, en las azules planicies del espíritu, un palacio de fe, de amor y de ensueño —escribió Juan Ramón Molina para referirse a su hermano del alma.

Y este, en respuesta, escribió una hermosa semblanza de Molina y recogió su obra en Tierras, Mares y Cielos.

Nos arde el pecho al publicar Froylán Turcios en los campos de la estética y el civismo. Nuestra esperanza es que ahora haga arder el corazón de los lectores hondureños en escuelas, colegios, universidades, oficinas…

Para finalizar, solo me resta decir… ¡Gracias, don Medardo Mejía!

Óscar Flores López
Editor Colección Erandique

ADVERTENCIA

Esta obra contiene dos partes:

1) El Estudio que lleva mi firma; y,

2) Las "Memorias de Froylán Turcios".

El Estudio, después de todo, lleva el objeto político preciso de presentar a Froylán Turcios, tal cual es, en la lucha revolucionaria antiyanki en los primeros treinta años del presente siglo.

Los sandinistas, reorganizados por Carlos Fonseca Amador, que seguidos del pueblo, derribaron la prolongada dictadura pro-yanki de los Somoza y tomaron el poder de Nicaragua, están capacitados para comprender, por ciencia y experiencia, la honradez y la grandeza cívica de Froylán Turcios.

Se publica el presente Estudio para reforzar esta convicción.

Las "Memorias de Froylán Turcios" fueron escritas en Roma y reproducidas en San José de Costa Rica, en la segunda época de la REVISTA ARIEL.

MEDARDO MEJÍA

RETRATO DE FROYLÁN TURCIOS

El poeta es de mediana estatura, la piel color morena, sin tender a obscura, como la de los moros de Generalife; ágil con cierta agilidad felina; de miembros perfectamente proporcionados; la cabeza altiva; la frente cóncava se hunde bajo los rizos delanteros denunciando un alero propicio para todas las aves del pensamiento; los ojos de color castaño o se arropan en la bruma de la meditación interior; nariz firme y pequeña que daría la clave de un temperamento antisexual si los labios amorosos no denunciaran lo contrario; breve de cintura, inquieto en el andar, manos y pies pequeños, maneras violentas o suaves, según las circunstancias: tal es el hombre.

Sus aficiones literarias son escogidas: ama los libros bien escritos, las rimas bien hechas y los lances de epílogo trágico. Como todo imaginativo goza del esplendor de los pasados gloriosos y saborea las dichas de un porvenir más equilibrado y más noble. Quizá su existencia hubiera sido más feliz en un mundo más aromático y superior; pero, a falta de éste, él trata de hacerse uno a su manera, labrándose, poco a poco, en las azules planicies del espíritu, un palacio de fe, de amor y de ensueño.

JUAN RAMÓN MOLINA

(NOTA: El poeta Molina murió en 1908, Por tanto, si conoció al esteta que había en Turcios, en cambio, desgraciadamente, nada supo del patriota de valor temerario y arrojo desmedido que hubo en el mismo personaje del año 20 en adelante).

ENTREVISTA A FROYLÁN TURCIOS

Por JUAN DE DIOS BOJÓRQUEZ (1)

Tegucigalpa, la capital de Centro América, es una ciudad de corte colonial. Sus calles, empedradas a la antigua, describen curvas enredadas. Es pequeña. Fuera del Parque de La Leona que se codea con las nubes, y el puente de Mallol que la une a Comayagüela, esta capital no tiene mucho que ver.

Hay en Tegucigalpa dos clubes sociales, donde se liba decentemente. (¿Para qué son los clubes sociales?). Pero no todos gustan del casino. Prefieren las boticas. Se hallaría aquí en su medio M. Bergeret, para discutir cuestiones filosóficas, mientras el confidente farmacéutico expende la sal hepática, el bicarbonato, los calomelanos...

Al poeta Froylán Turcios le seduce el club "Laynez", es decir la botica del caballeroso doctor don Samuel Laynez, en cuyo despacho se forma una de las tertulias más distinguidas de Tegucigalpa. En casa Laynez he departido cordialmente con el autor de "Floresta Sonora".

Un día, recordando que soy corresponsal de REVISTA DE REVISTAS, ocurrióseme entrevistar a Turcios para el gran semanario mexicano. Yo sé que este poeta, cuyo nombre es conocido en todas las naciones de habla castellana, tiene cierta popularidad en mi país. Poemas suyos he leído en Mazatlán, Hermosillo, Guadalajara, Monterrey. ¿Cómo no han de resultar interesantes los datos que en seguida anoto? Con las preguntas que fui enderezando al ameno cuentista, podrá verse que se define la personalidad de uno de los más altos prosadores de la América Española.

—¿Dónde nació?

—En la ciudad de Juticalpa, Honduras, el 7 de julio de 1877.

—¿Dónde ha vivido?

—En Centro América, y he viajado por Panamá, Cuba, Jamaica, Puerto Rico, Santo Domingo, Francia, Inglaterra, Italia, España, Portugal, Estados Unidos, Brasil, Argentina, Uruguay. Creo que son pocos los hondureños que han viajado más que yo. Pronto visitaré

México, país de mis profundas simpatías; y después, el Japón, la India... Me encanta viajar, y, de manera misteriosa me atraen los mares distantes, las tierras legendarias.

—¿Cuándo comenzaron sus aficiones literarias?

—Desde mi infancia. A los once años escribí mis primeros versos. A los doce empecé a darles publicidad (2).

—¿Cuántos libros ha publicado?

—Ocho. Mariposas, Renglones, Hojas de Otoño, El Vampiro, Tierra Maternal, El Fantasma Blanco, Prosas Nuevas y Floresta Sonora. Novelas, cuentos, versos, Entre el gran número de revistas y periódicos que he fundado y dirigido en la América Central, le citaré tres diarios: El Tiempo, El Heraldo y El Nuevo Tiempo, y la Revista Nueva y Esfinge, bien conocidas de los hombres de letras.

—¿Qué cargos públicos ha desempeñado?

—Muy joven fui Secretario de la Legación de Honduras en Costa Rica; después Primer Secretario en la Tercera Conferencia Panamericana de Río de Janeiro; luego Ministro de Gobernación y hoy diputado.

—¿Recuerda su actuación en otras actividades y honores?

—En la actualidad soy Presidente del Ateneo de Honduras y director de la revista que sirve de órgano a dicho Centro; Vocal primero de la Academia Científico—Literaria de Honduras; Vice—Presidente en Honduras del Congreso Mundial de la Prensa; socio correspondiente de los Ateneos de Chile, Guatemala, El Salvador, Nicaragua, etc.; miembro de la Junta Honoraria Internacional de la gran revista Interamérica, de Nueva York. En 1919 el gobierno francés me otorgó la condecoración de las Palmas de la Instrucción Pública; y, en octubre de 1920, la Real Academia de la Historia de Madrid me nombró académico correspondiente. Soy corresponsal, o colaborador y miembro honorario de algunas otras sociedades centroamericanas y de revistas y diarios del exterior.

—¿Cuáles han sido y son sus amistades literarias?

—Mis mejores amigos lejanos fueron José Enrique Rodó, Leopoldo Díaz y Amado Nervo. Pero el hombre con cuya amistad directa me he sentido más honrado fue el general Rafael Uribe y Uribe. Mi amigo fraternal, el mejor de mis amigos personales, Juan Ramón Molina, gran poeta y gran prosista.

—¿Cuáles son sus ideas en política?

—He sido siempre liberal, en el perfecto sentido del vocablo; sin restricciones, sin falsos apostolados. Y, en cuanto se refiere a Centro América, desde mi impetuosa adolescencia fui un radical y sincero partidario de la Unión, como lo he demostrado en discursos, artículos y poesías, y en actuaciones personales.

—¿Qué obras tiene en preparación?

—Guardo inédita una novela, con prólogo admirable de Molina, ya publicado. Preparo, además, otra novela, un libro de cuentos, mis Impresiones de viaje por Francia y España y otro volumen de poesías.

—¿Algunos detalles de su carácter y gustos personales?

—Lo que más aprecio en un hombre es el valor personal unido a las otras cualidades inherentes al caballero perfecto. Fuera del amor no hay en el mundo un ser menos egoísta que yo. Siento un profundo desprecio por la mentira. Estimo el dinero como un elemento inapreciable para embellecer y darle más intenso valor a la vida. La figura trascendente que más me atrae en los siglos es la de Cristo. En la historia militar la de Napoleón. A la cabeza de América pongo a Bolívar. El único hombre genial que ha producido Centro América es Morazán.

El mayor poeta de cuantos existen es Gabriel D'Annunzio. Entre los muertos, Dante. Entre los filósofos, Guyau. Pongo sobre todos los poetas del habla castellana a Darío. Quisiera vivir en París, en Niza o en Ginebra, Soy un apasionado de los mármoles, las púrpuras, las sedas, los perfumes, las piedras preciosas; y, sobre todo, de las mujeres que agregan, a las altas calidades de inteligencia y espíritu, la perfección de las formas. Prefiero, entre las Bellas Artes, después de la Poesía, la Música. Y mi ideal en el arte que cultivo consiste en la estrecha relación del estilo y el fondo; y, en todo, la claridad, la sobriedad, la transparencia de las formas y de ideas, la concisa elegancia y nitidez de cristal y la dureza consistente del acero tallado, según la frase gráfica del sutil y armonioso crítico M. Vincensi, en el amplio y profundo estudio que acerca de mi vida y de mis obras acaba de publicar en San José de Costa Rica.

Me atraen todas las formas de la elegancia y del lujo. Me gustan los bellos caballos y las águilas. El país que más admiro es Francia.

Mi color predilecto es el morado. Y con tinta de este color escribo siempre. Como prosista, el género que prefiero es el cuento y creo que Poe es el que a mayor altura ha subido en dicho género. La poesía más delicada que conozco es Requiescat de Óscar Wilde; el mejor cuento corto, El enviado divino, de Ephraim Mikháel. Después de D'Annunzio, la cerebración más poderosa entre los literatos que existen, es la de Maeterlinck. En España, Valle Inclán. Las más altas personalidades actuales en las Letras de Hispano América, son, en mi concepto, Lugones, Chocano, Valencia, Francisco García Calderón, Pedro Henríquez Ureña y Enrique González Martínez. Las mejores poetisas en español Gabriela Mistral y Juana de Ibarbourou.

—¿Cuál es su divisa, en la Vida y en el Arte? ¿Cómo quisiera morir?

—¡Excelsior! Desearía morir en un acto de heroísmo y belleza por una causa noble.

Réstame sólo añadir que Turcios es ameno en la plática, habla rápidamente y tiene un gran corazón, Con entusiasmo y desinterés pule cada semana una hermosa página para Los Sucesos. Resalta, sobre todo, su espíritu de selección. Es un esteta. Quienes conocimos su revista **Esfinge**, sabemos que pocas publicaciones en América reprodujeron material más bello y escogido (3).

NOTAS

(1) Juan de Dios Bojórquez, diplomático mexicano. Ministro Plenipotenciario de México en Honduras, en el año estelar de la celebración del centenario de la independencia en Centro América con la fundación de la República Federal de 1921. Entonces, Tegucigalpa, una pequeña ciudad de 50,000 habitantes, llegó a ser capital del nuevo Estado de Centro América. Actualmente, la misma ciudad se acerca al medio millón de habitantes.

(2) La primera guerra mundial derribó la estética de la "belle epoque", acontecimiento que casi no se sintió en América por el auge financiero que la misma guerra trajo a los Estados Unidos. El primer cuarto del siglo fue del dominio de los precursores intuitivos,

Desde la crisis de 1929 empieza a imponerse la nueva sensibilidad en este continente.

(3) La entrevista de Juan de Dios Bojórquez con Froylán Turcios fue publicada en la primera semana de enero de 1922 en las prestigiadas páginas de REVISTA DE REVISTAS, de México.

TURCIOS, ANTES Y DESPUÉS DE 1921

Hemos publicado la entrevista del escritor, político y diplomático Juan de Dios Bojórquez con el poeta Froylán Turcios, a manera de prólogo del presente estudio, para qué el lector vea la imagen sicológica del notable hondureño a la edad de 46 años en noviembre de 1921.

Es una imagen móvil, alegre, impetuosa, plena de esperanza, encendida con el fuego de la raza (decir de aquella época para aludir al mestizaje), coronada con los laureles de la estética y del civismo.

A la edad anotada, Turcios había sufrido pequeñas contrariedades, las corrientes, las cotidianas. Desconocía los grandes reveses, las decepciones máximas, los desengaños intolerables, los golpes insufribles del destino.

Sólo la dicha había conocido.

Al andar en los doce años, empezó a publicar sus producciones y la fama le dio su resplandor. Se le llamó el "Niño prodigio".

Esta preeminencia le valió la estimación del hombre más célebre de la época: del doctor Policarpo Bonilla. De dos "fieras" humanas: de Domingo Vásquez y de Terencio Sierra. Y de dos coterráneos notables: de Manuel Bonilla y de Francisco Bertrand.

El doctor Bonilla, como Presidente de la República, extendió a Turcios el nombramiento de Secretario de la Delegación hondureña en misión especial ante el Gobierno de Costa Rica. Nadie antes en el país había honrado a un jovencito con una distinción igual.

Antes de lo anotado, el general Vásquez le había encomendado a Turcios que contribuyera con una oración fúnebre en las excquias del doctor Ramón Rosa, quien fuera Ministro General en el Gobierno reformista del doctor Marco Aurelio Soto, lo que hizo, leyendo una elegía del sabor de la de Jorge Manrique, que conmovió al público capitalino. Y el mismo Vásquez le hizo facilidades para que imprimiera su primera publicación literaria llamada Pensamiento.

El general Sierra, el "Tamagás de Coray" como le decían, permitía que Turcios le hablara con franqueza, y a ningún otro más. Lo nombró Subsecretario de Gobernación, y a lo largo del período presidencial, por constante ausencia del propietario, que era el doctor Juan Ángel Arias, Turcios desempeñó la Secretaría de Gobernación y Justicia.

En el Gobierno del general Manuel Bonilla siguió siendo Subsecretario y constantemente Secretario de Gobernación y Anexos.

Y en el período del doctor Francisco Bertrand, Turcios fue Ministro y director del diario oficial El Nuevo Tiempo, Presidente del Ateneo de Honduras y director de la revista de este notable centro.

En la Administración Bertrand desfilaron los días estelares de Turcios. Fue el literato número uno del país. El que se movía con más desenvoltura y el que hablaba con más arrogancia.

Hasta 1919, había hablado desde el Poder alrededor de veinte años. Sólo estuvo sin empleo durante la administración del general Miguel R. Dávila (1907—1911).

Después llegó para Turcios la época del desengaño. Había trabajado con su impulso característico en favor de la unión centroamericana para honrar el primer centenario de nuestra Independencia.

Aquel movimiento tenía sus razones.

El doctor Policarpo Bonilla, delegado de Honduras a la Conferencia de Paz de Versalles, había pedido en una sesión presidida por Georges Clemenceau, una interpretación correcta y concluyente a la Doctrina de Monroe para evitar equívocos futuros por parte de los Estados Unidos de América.

El presidente estadounidense Woodrow Wilson, valiéndose de uno de sus portavoces, le contestó al delegado hondureño, doctor Bonilla, que "la Doctrina de Monroe era una doctrina regional de América" que no podía ser discutida y menos interpretada en un congreso mundial.

Aquella negativa de Wilson, que tuvo resonancia universal, los pueblos y gobiernos de América Latina le dieron interpretación positiva.

Quedaba claro que el Nuevo Mundo pertenecía exclusivamente a los Estados Unidos, y que los latinoamericanos debían empeñarse en destruir el yugo afrentoso de la Doctrina de Monroe.

Los movimientos revolucionarios de América Latina no se dejaron esperar. Concretamente, en América Central, cayó la dictadura guatemalteca de Manuel Estrada Cabrera.

Aquella dictadura tenía un significado que pasó y sigue pasando inadvertido para muchos analistas de la historia. La fundó y la mantuvo el imperialismo yanqui desde 1898 hasta 1920, año en que la derrumbaron las vigorosas sacudidas del pueblo guatemalteco.

La dictadura de Estrada Cabrera servía de tapón para que las corrientes progresistas de México, económicas, sociales y políticas, no pasaran a Centro América. Y a la vez servía de fiero polizonte de los gobiernos centroamericanos que pudieran sublevarse contra la dependencia yanqui. Los liberales de Centro América, unionistas todos, apreciaron en su justo valor la victoria que habían logrado, y quisieron dar un paso más, celebrando el centenario de la Independencia de 1821 con la unión centroamericana.

Para este efecto, los anticabreristas victoriosos de Guatemala extendieron una invitación unionista a sus hermanos centroamericanos, los que respondieron con mucha satisfacción al llamado, menos Nicaragua sujeta a los grilletes del Tratado Chamorro—Bryan.

Respondieron al llamado de la unión tres países: Guatemala, El Salvador y Honduras. Sus delegados se reunieron en la ciudad de Tegucigalpa, que fue el Distrito Federal, Una Asamblea Constituyente dictó una Constitución Federal, Un Consejo Federal se puso al frente del Poder Ejecutivo, Los Estados independientes pasaron a la condición de Estados socios. La Constitución fue firmada y mandada a ejecutar el 15 de septiembre de 1921. Se harían las gestiones pertinentes para que Nicaragua y Costa Rica se incorporaran al nuevo Estado Federal.

Este nuevo organismo político duró medio mes de septiembre, los meses completos de octubre y noviembre, y el 5 de diciembre del mismo año, el general José María Orellana, en obediencia del mandato del imperialismo yanqui, derribó al gobierno constitucional de don Carlos Herrera.

El hecho produjo un dolor inmenso en el alma centroamericana y nació el convencimiento que era verdad que la Doctrina de Monroe era una doctrina regional del exclusivo uso y provecho de la patria de Wilson, Harding y Coolidge.

Turcios abrió los ojos, vio lo que pasaba y adquirió una nueva conciencia política.

Después de haber destruido la unión centroamericana, los yanquis agregaron otra ignominia. Citaron a los gobiernos de Centro América para una reunión en Washington en la que firmaron por medio de delegados el 7 de febrero de 1923, los Tratados y Convenciones que se conocen con el nombre de Pactos de Washington.

Dichos Pactos serían una super—Constitución a la que se ajustarían los gobiernos, dejando para después las leyes nacionales.

A todo esto, Turcios adquirió una clara conciencia antiimperialista. Fundó la revista Hispano—América para denunciar los Pactos de Washington y todos los atropellos del imperialismo en América Latina.

Mantuvo esta actitud patriótica hasta su muerte en 1943, o sea 22 años después.

MARIPOSAS, EL LIBRO DE LA INICIACIÓN

El nacimiento de Froylán Turcios coincide con el triunfo político de la Reforma liberal en Honduras y en el área de Centro América. Es el mismo liberalismo que realizó la Independencia y mantuvo cerca de dos décadas la integridad de la República Federal. Desde luego, sin filosofía de la ilustración y sin neo—clasicismo del siglo XVIII.

Ocupan el lugar de esa ideología y de esa escuela la filosofía positiva de Augusto Comte y el romanticismo de la primera mitad del siglo XIX. Brillan en los años de la Reforma los nombres de Ramón Rosa, Marco Aurelio Soto, Adolfo Zúñiga, Antonio R. Vallejo, Rafael Alvarado Manzano, Jerónimo Zelaya, Jeremías Cisneros, Carlos Alberto Uclés, José Antonio López, Ángel Ugarte, Constantino Fiallos, Ramón Reyes y Eduardo Martínez López, escritores en prosa, positivistas la mayor parte de ellos y románticos casi todos, Algunos, no pocos, escribieron versos sentimentales.

Asimismo, brillan en la citada época los nombres de Joaquín Díaz, Juan Ramón Reyes, Guadalupe Gallardo, Manuel Molina Vijil, Juan Manuel María Cuéllar, Jesús Torres Colindres, Julio César Fortín, Valentín Durón, Félix A. Tejeda, Rómulo E. Durón, Juan R. Valladares, Carlos Cáceres Bustillo, Doroteo Fonseca y Jerónimo J. Reina. Todos ellos son poetas románticos.

José Antonio Domínguez, nacido en el reino del romanticismo, se subleva contra los petardos de éste. Pero no cae en las preciosidades de las escuelas francesas. En la "Musa heroica" pide al portalira que su poesía se traduzca en acción social. Como este caso se dio en Honduras, no tuvo resonancia. Lo recordamos hoy para que lo recoja la Historia.

Juan Ramón Molina, con su gran aliento lírico, a pesar de haber notado la declinación del romanticismo en la entrada del siglo XX, no se salvó de su influencia. Pero como tenía un gran talento literario, logró hacer una mezcla romántico—modernista que se ve en su poemario "Tierras, Mares y Cielos".

Domínguez, Molina y Turcios, casi nada tienen que ver con la Reforma liberal, positivista y romántica de Marco Aurelio Soto y Ramón Rosa. Están lejos de ella. Más se les ve en medio de la

Revolución liberal que triunfó en 1894. En la Reforma había una acción de arriba abajo de unos gobernantes que iban a hacer algunos cambios, pero dejarían el resto en su terreno. En la Revolución del 94, por el contrario, había una acción de abajo arriba, en que sus prohombres una vez tomados el poder se comprometían a reestructurar la República Federal y a levantar en ella una nación burguesa desarrollada. En efecto, la reestructuración centroamericana se realizó a medias en 1898, pero el mefistofélico golpe militar que nunca falta en la hora de construir algo, hizo que fallara aquella esperanza.

El año en que Turcios parte, armado de todas armas, al combate y a la gloria es el de 1898. En el año anterior había triunfado en un concurso literario célebre de Guatemala con su obra de versos y prosas titulada Mariposas, y a su regreso de aquel país el general Terencio Sierra, Presidente de la República, lo nombró Subsecretario de Gobernación, en cuya cartera, por largas ausencias del propietario, frecuentemente fue Ministro.

Conviene hacer notar que en el año de 1898 a la vez que en Centro América se propende a la reconstrucción de la República Federal, en el Mar Caribe y en Oceanía toma fuerza un movimiento antiespañol. Cuba y las islas Filipinas, últimas colonias de España a uno y otro lado del mundo, se levantaron en armas contra la metrópoli, con el ansia de alcanzar su independencia, Los Estados Unidos ayudaron a los insurrectos, y su armada derrotó a la escuadra española en las Antillas. España pierde a Cuba que se hace independiente, y a Puerto Rico y las Filipinas, que pasan a poder de los Estados Unidos.

Fermín Estrella Gutiérrez anota en su libro "Literatura Española" lo siguiente: "La derrota de España y la pérdida de Cuba y Filipinas postraron a la nación. Como reacción ante tanta catástrofe, varios escritores jóvenes que habían publicado ya sus primeras obras se agruparon, unidos por los mismos sentimientos, y constituyeron lo que desde entonces se llamó la generación del 98. Entre ellos figuraron Azorín, Pío Baroja, Ramiro de Maeztu, Ramón del Valle Inclán, Jacinto Benavente y Miguel de Unamuno, aunque estos dos últimos un tanto apartados del conjunto. La generación del 98 fue un severo juez para los que habían llevado a España a la ruina material y moral, y decidió, en un frustrado y noble afán romántico, echar abajo los viejos ídolos y cambiar los hábitos políticos de España. Fueron sus maestros e inspiradores lejanos, entre otros Larra, Clarín, y, sobre todo, Joaquín Costa, Ángel Ganivet y Francisco Giner de los Ríos, cuya institución Libre de Enseñanza tanto influyó sobre el espíritu de los escritores más descollantes de esa generación".

El propósito principal de esta promoción fue elevar a España de su postración y de su descrédito y ponerla a la par de las otras naciones de Europa: europeizar a España, tan aislada hasta entonces del resto del continente, y darle un espíritu, un tono y una dignidad distintos, contribuyendo a la solución de sus problemas inminentes: la educación, la pobreza del pueblo, etc.

He ahí, en síntesis, el programa de aquellos jóvenes. Pero su voz no tuvo eco entonces, y casi todos ellos, dispersados hacia distintas disciplinas, se redujeron a su labor de escritores, dando a las letras de España obras de extraordinario valor.

Como cosa nuestra, siendo cierto que, en España, del siglo XVIII hacia acá, nunca hubo un movimiento burgués democrático con la suficiente consistencia, lejos estaban los jóvenes de la generación del 98 de formar un grupo rector que tuviera la capacidad de publicar una Enciclopedia siquiera progresista, ya no digamos revolucionaria. Se dispersaron, cada uno tomó su camino, porque nada tenían que hacer juntos.

Una monarquía desdichada a la que se habían acostumbrado los españoles, se mantuvo, después de la pérdida de Cuba, Puerto Rico y las Filipinas. Y una república endeble que apareció de repente como el "buey perdido", no tuvo vigor suficiente para afianzar las instituciones democráticas, y sí para acercarse a una dictadura fascista que tuvo la duración de cuarenta años, con el objeto, se ve a las claras, de restablecer la monarquía de los Borbones.

No obstante, valga decir que la generación del 98 le dio un tono nuevo a la literatura española, que en esta ocasión pedía que se cerrara con siete llaves la tumba del Cid Campeador. Desapareció aquella dureza con que hablaba el señor feudal a sus siervos, y apareció la prosa ciudadana de Azorín y la evocación en las Sonatas de Valle Inclán.

Si con motivo de estas páginas dedicadas a Turcios nos hemos referido a la España derrotada y a la generación del 98, no se crea que lo hacemos sin objeto. Turcios, el único escritor con responsabilidad estética en Honduras en aquel tiempo, se daba cuenta del cambio económico, social y político de España, y por lo tanto de su cambio literario y artístico.

Acá también debía aprobarse que en la casa de enfrente fuese cerrada con siete llaves la vieja tumba de Rodrigo Díaz.

Bibliografía: "Literatura española con antología2 de Fermín Estrella Gutiérrez, de la Academia Argentina de Letras. Editorial Kapelusz, Moreno 372, Buenos Aires.

EL MODERNISMO DE AMÉRICA LATINA Y LAS ESCUELAS PARNASIANA, SIMBOLISTA Y DECADENTE DE FRANCIA

El modernismo —al decir de algunos críticos— fue un movimiento principalmente literario—poético y no social e ideológico, como el promovido por la generación del 98 de España.

Disentimos de esa afirmación. No hay nada que carezca de base material. La sociedad latinoamericana, en pleno desarrollo en la segunda mitad del siglo XIX, se hallaba en indudable acción progresista. Como las sociedades se ayudan las unas a las otras, la influencia de la revolución europea con su Manifiesto Comunista de 1848, se dejó ver en la guerra civil antiesclavista y antiseparatista hábilmente conducida por el Presidente Lincoln (1861—1865), en el fusilamiento de Maximiliano de Habsburgo en México (1868), en la Reforma liberal centroamericana (1871—1885), en el liberalismo radical ecuatoriano impulsado por Juan Montalvo y llevado al triunfo por Eloy Alfaro (1873—1895) y en el empeño fracasado de la unión de Centro América y la guerra hispanoamericana (1898).

En el cono sur los argentinos habían terminado con la dictadura de Juan Manuel Rosas y había triunfado la "civilización" sobre la "barbarie" con Domingo Faustino Sarmiento.

En realidad, la iniciativa privada tomaba impulso y el capitalismo, aunque no mucho, se acrecentaba en la América Latina. La burguesía latinoamericana se desenvolvía con relativa libertad. Existían posibilidades de lograr una verdadera independencia. De allí nacía que se empezaba a formar una supraestructura distinta a la cimentada por los ganaderos que fundaron las repúblicas americanas. Empezaban a aparecer una nueva teoría del conocimiento, una ética, una estética y una política consonantes con el desarrollo capitalista latinoamericano. También había un optimismo latinoamericano con voluntad de vencer las dificultades.

Naturalmente, no hay que creer que existía para todos los hijos de esta tierra enorme una meta segura. Las distintas repúblicas con su desarrollo desigual tenían mirajes diferentes. Y unas demostraban su seguridad mientras que otras no escondían el desaliento. Y si esto sucedía en las colectividades nacionales, váyase luego a los individuos, donde el individualismo era una ley.

Desde que hay historia, hay clases. Verdad de, Pero Grullo, Las clases, sin que nadie les toque el clarín, se juntan. En América Latina, y en cada país latinoamericano, por un lado, iba la clase que detentaba los bienes de producción y regulaba las instituciones de la familia, la propiedad privada y el Estado, y por el otro lado iba la clase de los paisanos que no tenía más medio de vida que vender la fuerza de su trabajo, los peones del campo, los jornaleros de la ciudad. Pero las clases incipientes de América Latina se agruparon en dos ocasiones: para lograr la separación de España en la primera mitad del siglo XIX, y para desarrollar las fuerzas económicas nacionales en la segunda mitad del siglo. Pero este desarrollo no se realizaría con las ideas del siglo XVIII, con la filosofía de la ilustración, con el neo—clasicismo ni con el romanticismo de la primera mitad del siglo XIX. Se realizaría, aparte de la técnica que por sabido se calla, con la filosofía, la ética y la estética que surgieran del propio movimiento progresista latinoamericano.

Y hemos llegado a lo que deseábamos. El modernismo —dice Estrella Gutiérrez— nació en América, y fueron sus precursores, entre otros Manuel Gutiérrez Nájera y Salvador Díaz Mirón; el colombiano José Asunción Silva; los cubanos Julián del Casal y José Martí, etc. El jefe y maestro indiscutido de este histórico movimiento fue el nicaragüense Rubén Darío, a quien se le unieron, entre otros americanos, el boliviano Ricardo Jaimes Freyre, y el argentino Leopoldo Lugones. Triunfante en América Latina la nueva escuela, sobre todo con la publicación de Prosas profanas, de Darío (Buenos Aires, 1896), fue llevada a España por el mismo Darío, quien atrajo con el prestigio de su talento y de su arte extraordinario a Salvador Rueda y Francisco Villaespesa, primero, y a Antonio Machado y Juan Ramón Jiménez, después.

El modernismo fue una reacción contra el romanticismo y el post—romanticismo. La exaltación del yo, de los sentimientos y ansiedades del poeta, son sustituidos por el culto refinado de la forma. Las palabras bellas, las rimas nuevas y sugestivas, las metáforas e imágenes brillantes, no usadas antes, los temas versallescos y galantes, crearon una nueva poesía, llena de musicalidad y de dulce encanto. Durante este período predominan el verso alejandrino —aun en los sonetos— y los de nueve y dieciséis sílabas. La estrofa más usada es el cuarteto. Se enriquece el idioma poético de manera inusitada y la expresión se hace más simple, recurriendo con frecuencia a la elipsis.

Agrega Estrella Gutiérrez que influyeron en este movimiento las nuevas escuelas poéticas francesas de fin de siglo, los parnasianos, los simbolistas y los decadentes. (Baudelaire, Banville, Catulle Mendes, Heredia, Verlaine, etc.) de los cuales puede decirse que el modernismo no fue sino un eco, una consecuencia.

Esto conviene explicarlo de manera distinta a como lo hace Estrella Gutiérrez. Y que nos perdone por si hay algún abuso.

El modernismo latinoamericano fue un reflejo del desarrollo capitalista de este subcontinente. Pudo sentar sus reales en España porque era una nación derrotada y porque su gente sufría una irritación incalificable contra su historia y sus tradiciones. Así se explica que Rubén Darío fuera recibido con simpatía por el mensaje progresista que llevaba de la lejana América. Y así se explica que tuviera discípulos excelentes y que el modernismo fuera generalmente aceptado. El castellano de antaño, duro, inflexible, quedó acaso en las actas del ayuntamiento y en el protocolo de los notarios.

Ahora, tratándose de las escuelas de Francia ya es otra cosa, Francia hizo una revolución capitalista en el siglo XVIII. Desde entonces no se detuvo su desarrollo, al grado que a medio siglo XIX, la clase burguesa gala ya contaba con un adversario poderoso en el proletariado francés, que tenía conciencia de clase, más teoría y táctica revolucionarias de extremada eficacia.

La guerra franco—prusiana de 1870, tuvo el epílogo de la Comuna de París en 1871, primer ensayo del proletariado para tomar el poder, habiéndolo tomado en efecto, pero no se mantuvo en él por su juventud, debilidad e inexperiencia.

Mas, la burguesía francesa y la europea se llenaron de pánico. No solo fueron feroces en el aplastamiento de los comuneros, sino que desataron una persecución sin tregua en toda el área del continente para cazar a los obreros revolucionarios como si fueran perros rabiosos.

Les golpeaban en el cerebro las palabras con que comienza el "Manifiesto Comunista":

"...Un fantasma recorre Europa... el fantasma del comunismo...".

Ante una realidad tan pavorosa, sentenciaba la burguesía, convenía tomar todas las previsiones posibles para defender el sistema capitalista amenazado y buscar los medios pacíficos de aniquilar a la vanguardia proletaria en su madriguera, y encontrar nuevos procedimientos de esclavitud para someter a las grandes masas trabajadoras.

Fue iniciada una nueva era de terror estatal en toda Europa.

En la nueva era apareció el Estado policíaco. Volvieron las instituciones de domesticación y embrutecimiento que la Revolución había arrojado al basural. Fue abolida la conducta del hombre que se orienta hacia objetivos serios y responsables. Se impuso la moda de la frivolidad en todas las esferas sociales. Entraron en acción la censura, la vigilancia, el espionaje, la chismografía y la cárcel por la falta más insignificante.

En tales condiciones sociales y políticas de persecución y de terror en Europa, apareció en literatura y en arte la tan llevada y traída TORRE DE MARFIL.

Y a propósito de esto, muchos, pero son muchos los que ignoran de donde vino la TORRE DE MARFIL.

Los mismos escritores en prosa y verso, en no poca cantidad, quedan alelados en el afán de hallar el origen de la TORRE DE MARFIL.

Así surgieron en la escena literaria de uno en uno, individualmente, en pequeños grupos, cerrados, celosos, desconfiados, los parnasianos... los simbolistas... los decadentes franceses... Eso sí, con grandes nombres... logrados por sus obras valiosas... o por la mucha propaganda... desde París hasta San Petersburgo pasando por Viena...

Con lo dicho, habrá notado el lector la diferencia por su dirección y contenido del modernismo americano y las escuelas francesas (parnasianismo, simbolismo, decadentismo) de antes y después de la Comuna de París.

Pruebas al canto. Mientras Darío en "Cantos de Vida y Esperanza" dio un grito estentóreo en la oda dirigida a Roosevelt, en

Europa no se oye una cosa igual... Solo violines de Hungría... chasquidos de besos en la sombra aterciopelada... y, risas, risas y más risas...

Conviene hacer una aclaración. Lo que algunos poetas no grabaron en sus versos, lo dieron a conocer como hombres. El Conde de Lautremont, autor de "Cantos de Maldoror", y Arthur Rimbaud, autor de "Permanencia en el Infierno", pelearon, fusil en mano en las barricadas de París, junto con los obreros y el pueblo, y Paul Verlaine fue vocal de la Comuna.

Así se aclara la igualdad y la diferencia de la literatura de América y de Europa. Ya en lo sucesivo no habrá ninguna confusión. Pues esta literatura, tal vez percibiendo sus matices distintos, la llevó Froylán Turcios a las bellas y delicadas páginas de su Revista Nueva.

De esta manera empezó en Honduras y en Centro América la divulgación sistemática del modernismo, más las escuelas parnasiana, simbolista y decadente de Francia, sin dejar de lado los prodigios del resto del mundo.

Bibliografía: Literatura Española, tratado escolar de Fermín Estrella Gutiérrez, Editorial Kapelusz, S.A. Buenos Aires.

UNA FILOSOFÍA CONTRARIA:
FEDERICO NIETZSCHE
Y JUAN MARIA GUYAU

En aquella situación gaseiforme en que las capas de la clase media temían de un lado al Estado policíaco y de otro a la Revolución, debía aparecer una filosofía que le diera consistencia a la inseguridad reinante y ánimo a los espíritus apocados.

Esa filosofía apareció en Alemania con Federico Nietzsche, el más notable de los filósofos reaccionarios. Nació en Röcken en 1844 y murió en Weimar en 1900. La doctrina filosófica de Nietzsche, cuyo carácter poético y personal ha sido muy insistentemente subrayado, es, también, en cierto modo, una filosofía existencial, pero de un existencialismo de muy distinto sentido y contenido. Suelen distinguirse en su evolución filosófica tres períodos más o menos definidos: el primero que va desde sus estudios de Leipzig hasta 1878, se caracteriza por sus primeros trabajos de interpretación y crítica de la cultura y por su devoción por Schopenhauer y por Ricardo Wagner, es la época de El origen de la tragedia en el espíritu de la música (1872), de La filosofía trágica de los griegos (1874), de Las consideraciones intempestivas (1873—1876). El segundo período, donde rinde homenaje a la cultura y al espíritu libres, en un sentido semejante al de la Ilustración francesa, es representado por Humano, demasiado humano (1876—80), Aurora (1881), y La Gaya Scienza (1882). El tercero y último, el llamado período de Zaratustra o de la "voluntad de poder", comprende: Así habló Zaratustra (1883), Más allá del bien y del mal (1885), Generalogía de la moral (1887) El caso Wagner (1888), El ocaso de los ídolos (1889) los diversos planes para la Inversión de todos los valores, con El Anticristo, El Inmoralista, la Crítica de la filosofía, y, finalmente, su obra capital La voluntad de poder, Ensayo de una trasmutación de todos los valores, ejecutado en parte fragmentariamente, ampliación y realización de los planes anteriores, con la tesis sobre El nihilismo europeo, la Crítica de todos los valores, los Principios de una nueva tabla valores y los aforismos definitivos sobre El eterno retorno.

Un esfuerzo ideológico tan grande, necesariamente corresponde al período en que el capitalismo entraba en su estadio imperialista. Las concepciones nietzschianas representan una reacción del ideario burgués ante el encono de las contradicciones de clase. Su concepción del mundo rezuma odio contra el "espíritu de la revolución". Los pensamientos de Nietzsche tienden a "contener el torrente de la revolución, por lo visto, inevitable".

Desde este punto de vista, Nietzsche somete a nueva valoración los principios y normas de la ideología burguesa liberal: la filosofía racionalista, la ética tradicional, la religión cristiana. Estima que debilitan la voluntad de lucha, que no son idóneos para aplastar el creciente movimiento revolucionario y propugna abiertamente sustituir tales principios y normas por los del antihumanismo y el antidemocratismo.

Nietzsche separa de manera tajante la ideología destinada a educar el espíritu de sumisión de los trabajadores ("moral de los esclavos") y la ideología en que se ha de inspirar la educación de la "casta de los señores" ("moral de los señores"), para quienes preconiza un individualismo sin freno en el derecho y en la moral.

La filosofía de Nietzsche es el voluntarismo: contrapone a la razón la voluntad. Considera que la fuerza motriz universal de desarrollo es la "lucha por la existencia", que se convierte en "voluntad de poder". Frente a la teoría científica del progreso, presenta el mito sobre "el eterno retorno de todas las cosas".

Con una filosofía así, las abrumadoras capas de la pequeña burguesía alemana y europea se sentían confortadas.

Francia, por su parte, con su orgullo y su nacionalismo, quiso tener un filósofo propio, una filosofía con título de dominio. Y en efecto, ese filósofo lo tuvo en Juan María Guyau (1854—1888), a quien nuestro poeta Froylán Turcios consideraba el más alto de los tiempos modernos, aunque en verdad ocupara lugar menor en relación al filósofo alemán de "Así hablaba Zaratustra". En cuanto a la filosofía, ella fue la filosofía de la vida, cuyo nacimiento se debió, en cierto modo, al rápido avance de la biología, de la psicología y de otras ciencias que descubrían la inconsistencia de la imagen mecanicista del mundo.

Guyau nació en Laval, Mayenne, Francia. En un sentido parecido a Nietzsche, propuso una separación de la moral habitual mediante una consideración del papel que desempeñan en la moral LA VIDA ESPONTANEA y la MOTIVACION INCONSCIENTE.

La crítica de la moral tradicional resalta inmediatamente de la acentuación de estos factores, que son los factores esenciales de la vida humana y los que hacen posible toda acción. La vida espontánea es superior a la estrecha valoración de la moral reflexiva; tiene un valor superior que no coincide con el juicio moral más que cuando éste se propone ignorar ciegamente la fuente de donde procede. Por eso Guyau intenta, como declara el título de su obra principal, bosquejar "UNA MORAL SIN OBLIGACION NI SANCION, en la cual se busca LO QUE SERIA Y HASTA DONDE PODRIA IR UNA MORAL EN LA QUE NO INTERVINIERA NINGUN PREJUICIO, EN LA QUE TODO FUERA RAZONADO Y APRECIADO EN SU VERDADERO VALOR, YA SE TRATARA DE CERTIDUMBRES O DE OPINIONES E HIPOTESIS SIMPLEMENTE PROBABLES". (Esquisse, Prefáce).

De ahí la crítica de las tendencias morales del utilitarismo, que coinciden, según Guyau, con la moral tradicional por el hecho de que quieren ser asimismo imperativas y en muchos casos no saben prescindir de las ideas de sanción y obligación. Lo único que puede resolver las antinomias de la razón práctica es la "VIDA MAS INTENSIVA Y MAS EXTENSIVA POSIBLE BAJO UNA RELACION FISICA Y MENTAL", vida que posee sus propias antinomias, pero que las resuelve en tanto que la vida más completa puede regular la menos completa. Por eso el "DEBO; POR TANTO, PUEDO" ha de ser reemplazado por el más auténtico "PUEDO, POR LO TANTO, DEBO".

Las reflexiones de Guyau sobre la moral se hallan íntimamente relacionadas con su filosofía del arte y de la religión; en la primera se trata de considerar el arte "desde el punto de vista sociológico", haciendo de él un elemento dependiente de la vitalidad social; en la segunda, se trata de buscar el contenido del valor y del sentimiento religiosos en una concepción opuesta a todo dogma positivo, EN UNA FUTURA IRRELIGION QUE HA DE CONSIDERAR EL

SUPREMO VALOR DE LA VIDA ESPONTANEA COMO EL OBJETO RELIGIOSO POR EXCELENCIA.

O como dice literalmente Guyau, buscando el fundamento de sus indagaciones: "ES EN LA PROPIA IDEA DE LA VIDA Y DE SUS DIVERSAS MANIFESTACIONES INDIVIDUALES O SOCIALES DONDE BUSCAMOS LA UNIDAD DE LA ESTETICA, DE LA MORAL Y DE LA RELIGION" (Irreligión de l'avenir, Int. III).

¿Qué decir después que hablaron con tanta autoridad el filósofo alemán Federico Nietzsche y el de igual título francés Juan María Guyau? Que no había por qué temer. Que los obreros fundarían sindicatos y partidos políticos y asaltarían Comunas como en París para permanecer en ellas en calidad de señores unos días. Pero no pasarían de allí, porque los esclavos podrán tener victorias pírricas, sin ir más lejos porque no se hizo para ellos el poder. Espartaco después de su gran derrota, terminó sus días clavado en una cruz. Y Jesucristo, hombre verdadero al decir de Guyau, tuvo el mismo fin. Y que, si es cierto que después de ellos quedaba el resplandor de sus ideas y de su acción, lo dicho no pasaba de ser un resplandor que enseguida se borraba en la sombra.

La voluntad de poder la tienen aquellos que nacieron con altivez señorial. Voluntad que heredaron de sus antepasados remotos. La selección hizo el prodigio, agrupando a los fuertes de un lado, con la virtud de mandar, y amontonando a los débiles de otro lado, condenados a obedecer. Motivo de alegría era que se había venido al mundo con el signo señorial y de tristeza cuando se descubría en el cuerpo o en el espíritu la marca de los vasallos.

Pero aquí nos parece que Nietzsche es superado por Guyau, por cuanto los enormes recursos de la vida espontánea y de la motivación inconsciente, dan fuerza para subir, para superarse, y para considerar prejuicios las llamadas "casta de señores" y "manada de plebeyos2.

Pero esto, entiéndase, siempre por el lado de la reacción, porque el mundo había sido partido en dos mitades como la naranja.

Guyau consideraba prejuicios no solo la plebeyez y el señorío nietzschianos. También consideraba prejuicios las ordenanzas positivas y negativas de la moral tradicional. Y lo más significativo, que, ante una religión cristiana llena de dogmas dictados por sus iglesias, Guyau profetizaba la irreligión del porvenir destinada a reconocer y patentizar la grandeza y la belleza de la vida.

Bibliografía: Diccionario de Filosofía por José Ferrarter Mora; Diccionario Filosófico por M.M. Rosental, las obras de Federico Nietzsche, las obras de Juan María Guyau.

EL GUSTO ESTÉTICO EN
LA AURORA DEL SIGLO XX

En este estudio que va encaminado a perfilar la personalidad artística de Froylán Turcios, precisa discurrir, aunque sea de paso, sobre el gusto estético. No estaría completo si faltara la expresión mágica que pone orden en las opiniones opuestas que vienen alternando desde los tiempos antiguos.

El gusto estético, en concepto de P. F. Ludin, es la facultad socialmente elaborada que permite estimar emocionalmente distintas propiedades estéticas; permite, ante todo, diferenciar lo bello, lo hermoso, de lo feo, de lo repugnante. En arte, el gusto estético se denomina gusto artístico. Un buen gusto estético presupone la capacidad de sentir placer por lo auténticamente hermoso, la necesidad de percibir y crear lo bello en el trabajo, en la vida corriente, en la conducta y en el arte. La formación de un buen gusto estético constituye uno de los objetivos esenciales de la educación estética.

Lo anterior representa una verdadera claridad meridiana sobre el gusto.

Pero como se trata de buscar la interpretación que vaya por el lado de los estetas burgueses de 1898, el italiano Nicola Abbagnano puede decirnos algo de lo que aquellos estetas asustadizos al principio y confortados después por Nietzsche y Guyau, entendían acerca del gusto estético.

Este autor empieza por exponer como se dice gusto en inglés, *taste*; en francés, *gout*; en alemán, *Geschmack*; en italiano, *gusto*. Luego lo define diciendo que es el criterio o canon para juzgar los objetos del sentimiento. Y prosigue: Ya que sólo en el siglo XVIII, se reconoció el sentimiento como facultad en sí, distinta de la facultad teórica y de la práctica, la noción del Gusto se determinó en el mismo período como la del criterio al cual adapta o debe adaptarse tal facultad en sus variaciones.

Bien pronto se atribuyó a la facultad del sentimiento la estética como actividad propia, y así se entendió por gusto, sobre todo, el criterio del juicio estético y, con este sentido, ha quedado la palabra en el uso corriente. En su significado más general, el gusto es definido por Vauvenargues como "la disposición a juzgar rectamente los objetos del sentimiento", y por el propio Kant en la Antropología, donde dice: "El gusto (en cuanto es una especie de sentido formal) lleva a la coparticipación del propio sentimiento de placer y dolor para con los demás e implica la capacidad, placentera por el hecho mismo de tal coparticipación, de sentir satisfacción (complacencia) en común con otros".

En su sentido estético más estricto entendió Hume el gusto en algunos de sus Ensayos morales y políticos, aun cuando lo relacionó estrechamente con el sentimiento en general. La belleza es, en efecto, un sentimiento y, como todo sentimiento es justo, no refiriéndose a nada fuera de sí, todo espíritu percibe una belleza diferente. Pero esto no impide que exista un criterio del gusto porque hay una especie de sentido común que restringe el valor del viejo lema: "No se puede discutir acerca del gusto".

Se puede determinar un criterio del gusto sólo recurriendo a las experiencias y a la observación de los sentimientos comunes de la naturaleza humana, sin pretender que en cada ocasión estén los sentimientos de los hombres de acuerdo con tal criterio. 2En cada criatura humana —dice Hume— hay un estado sano y un estado defectuoso y solamente el primero nos da un verdadero criterio del gusto y del sentimiento. Si en el estado sano del órgano hay una completa o considerable uniformidad de sentimientos entre los hombres, podemos deducir de ello una idea de la perfecta belleza, del mismo modo como la apariencia de los objetos a la luz del día, ante los ojos de un hombre sano, es considerada como el verdadero y real color de los objetos, incluso si tanto de día como de noche el color es solo un fantasma de los sentidos2.

A su vez E. Burke decía: "Con la palabra gusto no entiendo otra cosa que esa facultad o esas facultades de la mente que se impresionan por las obras de la imaginación y de las bellas artes y que se formula un juicio acerca de ellas".

Para Kant, el gusto es una especie de sentido común; es más bien el sentido común en su significado más exacto, ya que se puede definir como "la facultad de juzgar sobre lo que hace universalmente comunicable al sentimiento suscitado por una determinada representación, sin la mediación de un concepto". (Crítica del juicio).

Por lo tanto, la universalidad del juicio de gusto no es la del juicio intelectual, porque no se funda en el objeto, sino en la posibilidad de la comunicación con los otros. En otros términos, el juicio de gusto es universal sólo por el hecho de fundar en la comunicabilidad del sentimiento. Kant distinguió también entre el gusto como facultad de juzgar, y el genio como facultad productora.

Finalmente, hemos de citar a José Ferrarter Mora, quien afirma:

"En el siglo XVIII se manifestaron casi todas las posiciones fundamentales relativas al problema del gusto estético: platonistas, sensualistas, naturalistas, empiristas, idealistas y variantes de las mismas. El problema del gusto ha sido tratado también por los filósofos posteriores, pero sin que haya ocupado el lugar central que tuvo en la estética del siglo XVIII. Los problemas principales que al respecto se han planteado han sido los siguientes:

(1) ¿Hay razones que expliquen el gusto? (2) ¿Es el gusto algo que existe en todos los hombres o es el producto de la educación, del medio social, de las circunstancias históricas, etc.? (3) ¿Es el gusto algo fundamentalmente racional o algo fundamentalmente sensible? (4) ¿Es el gusto una facultad?, y (5) ¿Cuál es el papel del gusto dentro del conjunto de las apreciaciones artísticas?

Las respuestas dadas a estos problemas han dependido casi siempre de los puntos de vista generales mantenidos en estética".

Pero a la altura de 1898, ¿el asalto a la Comuna de París en 1871 había producido en Francia, en Europa nuevos gustos y nuevos "anti—gustos", si cabe y se nos permite? Es claro que al filisteo le confortaban el orden policíaco y la moral reaccionaria, así como demostraba su odio al marxismo y a la revolución.

Y al nivel del año citado, cuando Nietzsche, conscientemente, y Guyau, tal vez sin darse cuenta, pedían el abandono de los valores que había impuesto el capitalismo industrial para adoptar lo correspondiente al capitalismo imperialista, ¿las gentes pululantes de Europa no se orientaban por el lado derecho hacia nuevas normas, hacia nuevos hábitos, hacia nuevas creencias?

Había llegado la hora de la trasmutación de valores y los gustos tenían que ser otros. Conste, en América se oía esto como un parloteo lejano que llama la atención y deleitaba.

Bibliografía: P. F. Iudin, Gusto Estético: Nicola Abbagnano, Diccionario de Filosofía; José Ferrarter Mora, Diccionario de Filosofía.

EL SIMBOLISMO Y LA
RELIGIÓN DE LA BELLEZA

Uno de los estudios más completos —dice Segundo Serrano Poncela en su libro "La Literatura Occidental"— del movimiento simbolista en poesía es el efectuado por C. M. Bowra en su obra The heritage of Symbolism (La herencia del simbolismo), y de él vamos a tomar los conceptos generales definidores de esta corriente poética que revolucionó la lírica a fines del siglo XIX después de nutrirse en la experiencia de los grandes antecesores, Baudelaire y Rimbaud, a los que, inevitablemente, hay que considerar cabecera de la gran transformación. Así como Byron, Puschkin y Víctor Hugo poseyeron un dictum poético análogo al que hemos titulado, en su momento, romántico, alrededor de 1890 emerge un núcleo de poetas diferente y a la vez homogéneo cuyas características recogemos bajo una titulación común: simbolista. Románticos y simbolistas inician y concluyen la gran centuria decimonónica; ambos son movimientos estéticos profundamente renovadores, y ambos mantienen su vigencia durante décadas dejando una huella visible en generaciones ulteriores. No alcanzó el simbolismo ni la extensión ni el predicamento del romanticismo; tampoco fue una filosofía de la vida, y su influencia, aun siendo vasta, no fue mucho más allá de esa experiencia estética. Pero tal carácter minoritario no entorpeció la floración de un grupo de geniales creadores que hoy tienen en la historia literaria un brillo de primera magnitud.

Durante la segunda mitad del siglo XIX, realistas y formalistas parnasianos dominaban la literatura. En contra de este exceso de "realidad" y seudocientificismo literario se alzaron algunas voces poderosas pero aisladas, tanto en el ámbito de la novela como de la lírica. El famoso "Manifiesto de los Cinco", aparecido en 1887 y firmado por Descaves, Rosny, Bonnetain, Guiches y Margeritte, fue la protesta de los prosistas contra el naturalismo de Zola; expresión de una decepción y de una desconfianza; más por desgracia todos los firmantes eran mediocres escritores y no pudieron ir más allá de la protesta, incapaces de ofrecer una muestra de lo que como narradores pretendían. En el ámbito lírico sucedió lo contrario: tanto Baudelaire como Rimbaud recusaron la poesía parnasiana y ofrecieron en su lugar una nueva poesía donde la imagen y el símbolo, unidos a una alta temperatura mística, dieron como resultado una experiencia lírica original.

Rogamos a los lectores poner atención a lo que añade Serrano Poncela sobre que el simbolismo sustituye el dios del bien de las religiones tradicionales por el dios de la Belleza, con el que pretende introducir una nueva congregación de fieles con su respectiva liturgia. Al respecto, dice:

Mística del estetismo, señala Bowra; es decir, una hipótesis de la Belleza en sustitución de la creencia religiosa, secular alimento de la alta poesía: "Los cimientos de sus creencias cristianas habían sido mutilados o socavados, y sintiendo la necesidad de un Evangelio que los reemplazara, encontraron en la Belleza algo que unificaba sus actividades y daba una meta a su tarea".

Añádase a lo anterior un renacimiento del neoplatonismo, del orbe de las formas como principios universales:

Digo *una flor*; y más allá del olvido
al que relega mi palabra sus contornos...
se eleva musicalmente la idea misma y suave,
la ausente de todos los bouquets.

Lo escrito es de Stephane Mallarmé.

Ahora, entre esta idée mallarmeana y el eidos platónico hay suficiente identidad. La ecuación se completa si consideramos el uso de la palabra como símbolo expresivo de las intuiciones, usada no por su función común sino por las asociaciones que evoca de una realidad más allá de los sentidos. Es lo que Baudelaire trató de expresar con su famoso soneto:

La Naturaleza es un templo donde pilares vivientes
dejan escapar, a veces, confusas palabras.
El hombre atraviesa bosques de símbolos
que le observan con miradas familiares.

Pero esta palabra simbólica encuentra en su expresividad algunas dificultades: la principal: su hermetismo. Los símbolos religiosos o políticos son fácilmente interpretados porque forman parte del lenguaje de la comunidad; un símbolo unipersonal y privado requiere, para su iluminación, un tipo de exégesis más ardua. Ya Baudelaire resulta difícil en ocasiones; Mallarmé, inextricable salvo extenuantes esfuerzos por parte del lector común. De aquí la aparición de un fenómeno que ha repercutido y repercute aún entre público y poesía: el gradual aislamiento e indiferencia por parte del primero (público) con respecto a este sector de la creación literaria (poesía). Mallarmé, por ejemplo, sustituyó la antigua nomenclatura simbólica y el procedimiento habitual entre poetas de simbolizar de acuerdo con determinados cánones culturales, por una elaboración muy personal basada en su propia sensibilidad y fantasía; procedimiento por demás común en la lírica actual. Por ejemplo, el espectáculo del cielo estrellado se convierte en un palacio fantasmal de ébano que adornan guirnaldas:

Lujo, oh sala de ébano, donde para seducir a un rey se retuercen muriendo célebres guirnaldas.

Finalmente añadamos a todo lo anterior el afán por incorporar a la poesía ciertas características musicales. Valery afirmaba que la tarea principal del simbolismo era la de recobrar de la música lo que los poetas se habían dejado arrebatar por ella, y Mallarmé soñó algo semejante a la armonía de las esferas, añadiendo que más allá de cualquier poesía que se pudiera escribir hay una poesía ideal y absoluta (¡oh, manes de Platón!), comparada con la cual lo que se escriba realmente es *"nuit, désespoir et pierrerie"* (noche, desesperación y joyas falsas).

De este gran marco simbólico que contornó, como en su día el romanticismo, la poesía occidental, nos ha sido difícil extraer un reducido y significativo grupo de poetas que lo representan: Baudelaire, Rimbaud, Mallarmé, Valery Rilke, George, Block y Yeats.

Ha terminado el literato Segundo Serrano Poncela de dar una explicación clara, meridiana, del simbolismo y de la religión de la

Belleza que tendía a sustituir la religión de la divinidad cristiana. El simbolismo y la religión simbolista tuvieron la duración de las modas, Duraron hasta el límite de la primera guerra mundial. De allí en adelante aparecieron nuevas escuelas literarias que pretendieron interpretar, a su modo, la época de los monopolios, del capital imperialista.

Entre tanto, en América, Rubén Darío publicó en su libro "Los Raros" los nombres de los más famosos simbolistas franceses y de otros países, Causó novedad con sus revelaciones y descubrimientos, pero fueron pocos, poquísimos, los que doblaron las rodillas ante la nueva divinidad, la Belleza simbolista.

Había una razón: mientras en Europa el combate que se había librado al comenzar el siglo XX había sido entre la empresa libre y el monopolio, entre el capital liberal y el capital imperialista, combate que en el plano de la cultura tendía a cambiar todos los valores, en cuenta los estéticos, en América el combate que se libraba en la misma época sucedía entre el desarrollo capitalista latinoamericano y los monopolios yanquis que ya extendían hacia el sur continental las garras de su dominación.

Turcios, un modernista, propagó en sus revistas todas las escuelas de América y de Europa, todos los adalides literarios americanos y europeos, sin dejar uno por fuera, demostrando así su insuperable capacidad de antólogo.

Bibliografía: Segundo Serrano Poncela, autor de "La Literatura de Occidente", Imprenta Universitaria de Caracas, Venezuela, A.S.

REVISTA NUEVA MARCA UNA NUEVA ETAPA LITERARIA EN HONDURAS

Froylán Turcios, de 22 años, empezó a publicar en Tegucigalpa el 1 de agosto de 1901, la *Revista Nueva*.

Fue la primera publicación modernista que apareció en Honduras y quizás en Centro América.

Se dice lo anterior porque existía entonces la costumbre de insertar en los periódicos la literatura neo—clásica y romántica.

Estaba prohibido propagar las letras de los "locos modernos2, carentes de "gramática", de "retórica", de "lógica" y hasta de "sentido común".

Se negaba el valor de tales letras, precisamente porque violaban las reglas y, sobre todo, las prohibiciones de los códigos consagrados.

Hoy no nos damos cuenta de aquel Santo Oficio literario porque nos hallamos en el atardecer del siglo XX. Ni siquiera nos pica la curiosidad de averiguar cómo y en qué forma era aquéllo.

Se acusaba a los modernistas de algo todavía más grave. Se les acusaba de estar corrompiendo el idioma castellano con toda clase de vicios de lenguaje.

Los neo—clásicos estaban irritados y los románticos, furiosos.

En esa temperatura, Froylán Turcios —se puede decir un muchacho— no importa que ya fuera Ministro de Gobernación, publicó su Revista Nueva, que los doctores arrojaron al canasto de desperdicios, y que los estudiantes apreciaron por lo bonito de sus selecciones.

Los doctores afirmaban que Turcios tenía razón al publicar semejante porquería, si se tomaba en cuenta su falta de cultura, pues gracias había cursado el bachillerato en el colegio "El Porvenir".

Ciertamente, Turcios era un autodidacta. Pero contando con un talento extraordinario y una ambición desmedida, se había cultivado solo. Era un "devorador de bibliotecas" como decían quienes le conocían de cerca. Contando con una voluntad inquebrantable, se imponía disciplinas irrompibles. Esto determinó que llegara a tener una mejor cultura que la que llevaban los doctores.

Además, él era un literato y su campo era la literatura. No quería más. Y acaso, cuanto impusiera el trajín común. Por ejemplo, el conocimiento de las leyes y reglamentos obligatorio en el Ministerio del interior.

***

Dijo Turcios en la sección editorial del número primero de la *Revista Nueva:*

"Impulsados únicamente por el deseo de ayudar con nuestros esfuerzos al libre desarrollo de las letras nacionales, fundamos hoy esta Revista, que dará cordial acogida a los trabajos de los intelectuales hondureños.

He aquí los números iniciales de nuestro programa:

I.   No publicaremos una línea sobre asuntos políticos. La enseña del Arte será en estas columnas nuestro pabellón sagrado: un ideal lienzo azul bordado de estrellas argentinas y maravillosas, exornado con un símbolo enigmático y un divino laurel.

II.   No iniciaremos ni aceptaremos polémicas literarias, porque entre nosotros son absolutamente estériles. En Arte, cada cual tiene sus gustos y tendencias, que es preciso respetar, para que respeten los nuestros.

III.   Procuraremos que sean inéditos los trabajos nacionales que aparezcan en estas columnas, y muy escogida la reproducción extranjera".

***

Aparecieron en el primer número reproducciones y colaboraciones de (como era de esperarse) Federico Nietzsche, de Gabriel D'Annunzio, de Teodoro de Banville, del hondureño Timoteo Miralda, de Guillermo Valencia, de J. M. Vargas Vila, de José Asunción Silva y de Remy de Gourmont, quien se daba a conocer en Honduras con una explicación de "El Simbolismo", que vale la pena recordar:

"Uno de los elementos del Arte es lo nuevo; elemento tan esencial, que casi constituye por sí mismo todo el Arte, y que, sin él, el Arte se desploma.

Ahora bien: entre todas las teorías nuevas de que en estos últimos tiempos se ha hablado, sólo una parece nueva, y no nueva, así como quiera, sino llena de novedad nunca vista y nunca oída; el simbolismo, que en el fondo es la Libertad y aun la Anarquía.

Sí; la Libertad en Arte, cosa tan asombrosa, que durante muchos años no será comprendida. Todas las revoluciones que hasta hoy han triunfado en literatura se contentaron con cambiar las cadenas del cautivo, y generalmente con ponerle cadenas más pesadas que las anteriores, Pero esas cadenas sólo pueden ser toleradas por el vulgo estúpido, que después de tirar del carro clásico, tiró del carro romántico, del carro naturalista, del carro parnasiano, del carro psicológico y del carro neomístico.

Si se quiere saber cómo el simbolismo, cuyo sentido parece tan estrecho, es en realidad una cosa muy libre, no hay más que poner atención en lo que es el idealismo, pues el primero es un hijo del segundo.

Idealismo significa libre y personal desarrollo del individuo intelectual en la serie intelectual; el simbolismo debe ser considerado como el libre y personalísimo desarrollo del individuo estético en la serie estética; los símbolos que el poeta imagine o explique, serán imaginados o explicados según la concepción del mundo morfológicamente posible para cada cerebro simbolizador.

De ahí nacerá un delicioso caos y un exquisito laberinto, entre el cual ya veo a los profesores desorientados pidiendo por favor el hilo de Ariadna, que nunca han de conseguir.

En cierto sentido, el simbolismo es un renacimiento de la sencillez y de la claridad; pero como a la vez pide grandes efectos a lo complejo, a lo oscuro, al ´yo´ de todas las ideas, nunca será un verdadero neoclasicismo. Uno siempre es complicado para sí mismo; uno siempre es oscuro para sí mismo; las clasificaciones y las simplificaciones de la conciencia son obras del Genio; el arte personal —que es el único arte es siempre incomprensible.

Cuando se hace comprensible, deja de ser arte para convertirse en un motivo de nuevas expresiones artísticas.

Esta manera de comprender el arte excluye a los artistas mediocres, que no tienen nada de eterno en sus individuos.

Prácticamente, es necesario que el simbolismo, arte libre, adquiera en la opinión general un respeto que hasta hoy se le ha negado; es necesario que el público tolere, junto a las formas conocidas, formas desconocidas; es necesario que no se arrojen fuera de los invernaderos literarios las plantas que nacen de semillas ignoradas. Pero al mismo tiempo es preciso no hacer ninguna concesión para conseguir el triunfo; los que deben mejorar para acercársenos son ellos, ellos, que ganarán cambiando; nosotros sigamos quietos".

La claridad expositiva de Remy de Gourmont es como el día. Si nos hubiera dicho que detrás del simbolismo había neoplatonismo, su lección habría quedado completa. Pero lo admirable es que Froylán Turcios usa en la apartada Honduras el primer número de la *Revista Nueva* para orientar a sus lectores sobre materias básicas de la literatura del siglo.

No vayan a creer que estamos haciendo perder el tiempo a los lectores; estamos fijando conceptos sobre un asunto tan serio como es la luz de la revista de Froylán Turcios, que es toda una cátedra de literatura moderna, en un medio en que sólo se conocían las ramplonerías de los románticos de agua dulce.

Después viene la definición que hace Gabriel D'Annunzio de "El Verso":

"El verso es todo. Es la imitación de la Naturaleza, ningún instrumento de arte es más vivo, ágil, agudo, vario, multiforme, plástico, obediente, sensible, fiel. Más compacto que el mármol, más maleable que la cera, más sutil que un fluido, más vibrante que una cuerda, más luminoso que una gema, más fragante que una flor, más cortante que una espada, más flexible que un junquillo, más acariciador que un murmurio, más terrible que un trueno. Puede expresar y repetir los más mínimos movimientos del sentimiento y los más secretos impulsos de la sensación: puede definir lo indefinible y expresar lo inefable: puede abrazar lo ilimitado y sondar el abismo: puede abarcar dimensiones de eternidad: puede representar lo sobrehumano, lo sobrenatural, lo ultraadmirable: puede embriagar como el vino, arrobar como un éxtasis: puede a un mismo tiempo poseer nuestra inteligencia, nuestro espíritu, nuestro cuerpo: puede, en fin, llegar a lo Absoluto.

Un verso perfecto y absoluto, inmutable, inmortal; tiene en sí las palabras con la cohesión de un diamante; encima el pensamiento, como en un círculo preciso que ninguna fuerza conseguirá jamás romper; se hace independiente de toda conexión y de toda sugestión; no pertenece ya al artífice, sino que es de todos y de nadie, como el espacio, como la luz, como las cosas inmanentes y perpetuas. Un pensamiento fielmente expresado en un verso perfecto, es un pensamiento que existía preformado en la obscura profundidad de la lengua. Extraído por el poeta, continúa existiendo en la conciencia de los hombres. El más grande poeta es, pues, aquél que sabe describir, desenvolver, extraer el mayor número de esas ideales preformaciones. Cuando el poeta está próximo a descubrir uno de esos versos eternos, es advertido por un divino torrente de alegría, que le invade de improviso todo su ser".

Finalmente, para no alargar tanto esta relación, el escritor latinoamericano de las filas modernistas J. M. Vargas Vila, desdeñado por muchos sin ninguna razón porque hay en él un valiente y diestro hombre de letras, define allí en las páginas de la Revista Nueva de Turcios, la "Novela—Poema", de la que dice:

"El alma humana es como la mar, no deja el lugar a las arenas, sino para volver más profunda y más agitada hacia otras riberas que invade y que fecunda.

En el siglo XIX, ella se refugió al principio en la música. Beethoven, Weber, Mendelssohn, Shumann, Berlioz, Chopin, y después y por sobre todos, Ricardo Wagner, fueron los intérpretes de esta vida interior que la Filosofía y la Literatura desconocían cada vez más. Bayreuth fue, ante todo, el teatro del alma, del alma sufirnete, militante y triunfal, fue y por encima de todas las convenciones y todas las contingencias.

Hacia el mismo tiempo, dos grandes escritores septentrionales, Enrique Ibsen y León Tolstoi, genios severos e inquietos, renovaban el espíritu del drama y la novela, haciendo penetrar en ellos el cuidado de la vida interior. Ese mismo cuidado, minando poco a poco los viejos dogmas y los viejos prejuicios, llevaba un gran número de espíritus jóvenes a la concepción religiosa de la existencia bautizada con el nombre de neo—cristianismo, y penetrando en la democracia, le asignaba, de más en más, como ideal, la creación de los héroes y la formación de una élite espiritual, profetizada por Carlyle, Emerson y Schuré.

Y es esa literatura del alma la que, bajo diversos nombres de Simbolismo, Misticismo, Idealismo, han ilustrado con sus nombres Maurice Materlinck, Henri de Regnier, Gabriel Sarrazin, Gabriel Trarieux, Louis de Cardonell, Eugene Hollande, Fernando Gregh...

En el arte como en la naturaleza las formas no son sino figuraciones de la vida. Para que la forma se renueve basta que la vida sea renovada.

A medida que la atmósfera idealista modificaba para la Europa las condiciones de su vida interior, la forma de los géneros evolucionaba también.

En 1894 Gabriel Sarrazin publicaba las Memorias de un Centauro; en 1895, Gabriel D'Annunzio escribió las Vírgenes de las Rocas; Edouard Schuré, El Ángel y la Esfinge; y en 1896, G. Sarrazin, escribió el Rey del Mar.

Esas cuatro novelas, bastante desdeñosamente acogidas, salvo una, por la gran crítica y el gran público, pero festejadas por una élite, constituyeron las primeras manifestaciones, osémoslo decir, los primeros modelos, de lo que se puede llamar la novela del alma, o mejor, lo que debería llamarse la Novela—Poema".

Con la exposición que hicimos en capítulos anteriores y con los artículos publicados en la Revista Nueva respaldados por famosas firmas, queda claramente definida la vía seguida por la publicación literaria que dirigía el poeta Froylán Turcios en Tegucigalpa, Honduras, con amplia divulgación en Centro América y en el resto del mundo. La Revista Nueva fue un acontecimiento en el aletargado medio nacional, que despertó muchas inteligencias, afinó no pocas sensibilidades, y creó una nueva etapa literaria en Honduras.

Bibliografía: Revista Nueva, No. 1 del 10. de agosto de 1901, dirigida por Froylán Turcios.

RUBÉN DARÍO

Hubo varios precursores modernistas en América; pero Rubén Darío fue el dios del modernismo. De esto no cabe la menor duda, y conviene aceptar la verdad con la mayor satisfacción americana.

Rubén Darío o Félix Rubén García Sarmiento nació en Metapa en 1867; murió en León en 1916, quedando ambos lugares en Nicaragua.

El ritmo y la armonía de sus composiciones y el gusto refinado en la elección de los temas le han valido ser considerado como la figura máxima de la lírica contemporánea, cuya influencia se ha extendido a todas las literaturas de lengua castellana. Desempeñó corresponsalías de diarios y empleos diplomáticos en El Salvador, Chile, Argentina, España, Estados Unidos y Francia. Captado por la poesía francesa de su época, se puso a la cabeza del movimiento modernista que, procedente de América, repercutió hondamente en España.

Las innovaciones métricas que introdujo y la galanura de su expresión realzaron y transformaron la poesía en lengua castellana, como anteriormente hicieron Garcilaso, Fray Luis de León, San Juan de la Cruz, Lope de Vega, Góngora y Bécquer.

Entre sus obras más famosas figuran Abrojos (1871), Azul (1888), Prosas profanas (1896), cantos de vida y esperanza (1905), El canto errante (1907), Canto la Argentina (1910).

No solamente innovó el verso sino también la prosa: Azul (1888), Los raros (1896), Peregrinaciones (1901) y La caravana pasa (1902).

Cuando apareció la Revista Nueva, el nombre de Rubén Darío llenaba de gratas sonoridades a los países latinoamericanos. En la primera página de las publicaciones estaba la fotografía del aeda. No faltaban la "sonatina" o la "Marcha Triunfal" o "Margarita Gautier" o "Leda". Los prosistas y poetas noveles asaltaban las redacciones de los diarios para encender desde allí sus pebeteros con que demostraban su adoración al pánida. Darío, por todos lados Darío.

Pero Darío no dejaba oír sus sinfonías en el templo literario de Froylán Turcios, poeta domiciliado como Zaratustra en las altas montañas de la literatura modernista, por tanto debía presidir en el coro artístico del autor de Mariposas.

Pero no fue así...¿Por qué? ¿Por envidia? ¿Por enemistad? ¿Por espíritu vanidoso? ¿Por orgullo?

El propio Turcios nos va a decir lo que pasó en sus "Memorias":

"¡Cuántos ilustres personajes conocí en las siete semanas de mi permanencia en Río de Janeiro! Manuel Montero. Walker Martínez, el Presidente Rodríguez Alves, el barón de Rio Branco, Guillermo Valencia, Decoud, Graca Aranha, Francisco de la Barra, Manuel Gondra, Fabio Luz, Samuel Blixen, el conde Prozor, Melián Lafinur, Gonzalo de Quezada y treinta más. Pero, entre todos, Rubén Darío. Este, y Rafael Uribe Uribe, concentraron mi máximo interés. En ellos encontré los dos selectos tipos de la humanidad más antagónicos. Uribe, todo médula y acción, poseedor de los más excelsos dones morales: austero, franco, abnegado, valeroso, audaz, persuasivo, simpático, dominante, sin un vicio: rarísimo ejemplar del ideal del caballero perfecto. Orador de trascendental ideología, prosista diáfano y sintético, causeur fluido y admirable, afectaba una despectiva incomprensión por las exquisiteces verbales de algunos celebres poetas, por las rimas que no contuvieran un potente hálito emotivo, un fecundo ritmo creador. Varón sencillo, de apostura elegante y marcial, tendiendo siempre a la claridad y a la línea recta, de airoso paso, de amplios y justos ademanes, blanco, fino aristocrático. Rubén, pasivo, nulo ante cualquier actividad que no se relacionara con la pluma, calificando de salvajes a los valientes y desentendiéndose de las proezas cívicas o heroicas, medroso, egoísta, dipsómano, difícil de palabra, feo, de movimientos indecisos y tardos, maestro imponderable en el dominio de las celestes músicas, la más brillante cumbre de la poesía castellana de todos los tiempos.

El gran colombiano mostrábase indiferente ante la obra prodigiosa de Darío, a quien no perdonaba su pose ególatra, ni su sempiterna sed de los brebajes malditos.

—Este magno poeta desearía que el mar fuera de coñac para ahogarse en sus ondas.

El mejor discurso —el único de oceánica profundidad que se pronunció en aquella asamblea de las Américas— fue el de Uribe

Uribe, fértil en esenciales ideas como para ser grabado en la eternidad de los bronces. Rubén apenas lo escuchó, sumergido en sus continuas abstracciones. Y si acaso habló de él o de su autor en alguna de sus bellas crónicas para La Nación de Buenos Aires fue por incidencia o por no contrariar la corriente de elogios con que se recibió en el Brasil aquella extraordinaria pieza oratoria.

En el suntuoso salón de sesiones de la Conferencia, en el Palacio Monroe, los secretarios ocupábamos la segunda fila de butacas. Una mañana, mientras reinaba el silencio, interrumpido apenas por el acento monótono de un viejo tribuno atrayendo el sueño de los concurrentes, noté que Rubén me hacía una señal con la diestra, llamándome. Acudi al punto y con amargado rostro me dijo en voz baja:

—Estoy en una situación peligrosísima de la que Ud. puede librarme. Mi vecino de la izquierda es un señor Becú, que me odia a muerte por un tonto asunto de carácter literario en que yo intervine por petición suya. No me dirige la palabra y en cambio me lanza cada dos minutos con los ojos provocaciones iracundas, alternándolas con sonrisas equivocas. No podría Ud. pedirle un cambio de sitio. Pues de continuar yo así estaría expuesto a un atropello o quizá a cosa más grave.

Abordé en seguida a Becú que, con el pensamiento a mil leguas del ilustre vate, sumergíase plácidamente en la lectura de un grueso volumen. Le expuse mi deseo de estar cerca del maestro, accediendo en el acto y con la mayor cultura a mi demanda. Un momento después, recogidas las llaves de los respectivos escritorios, quedé instalado junto a él. Cuando al finalizar la sesión bajábamos la marmórea escalinata exterior, Darío, rebosando gratitud, y con el acento que empleaba en los instantes solemnes, murmuró abrazándome:

—Me ha salvado usted la vida.

Con gran esfuerzo pude retener la risa.

De este modo, viéndole y conversando con él dos veces por día, en la mañana en el Palacio Monroe y en la tarde en su estancia del Hotel Vista Alegre, estudié, analicé, el artífice supremo de nuestro idioma, que apasionó mi adolescencia. Pareció encariñarse conmigo, pues cuando yo no acudía a la hora de costumbre, me llamaba por teléfono y hasta fue en una ocasión en automóvil a buscarme. Sus simpatías o afectos no traspasaban cierto límite estrecho y convencional. El no daba de su persona sino partículas insignificantes. De aquí que no contara con un verdadero y fraterno amigo en el sentido absoluto del término. Se le admiraba, pero seguramente no llegó a inspirar en los que le conocieron, profundas afecciones. Cuantos ponderan su excepcional cariños por el maestro o compañero falsean la verdad a sabiendas de su error. Rubén se adoraba con exceso a sí mismo para conceder a nadie, por elevado que estuviera en su concepto, un átomo de su ser. El sabido es que quien no da o siembra, ni recibe, ni recoge. En Río y en París le traté con relativa confianza. Intimidad no tuvo con ninguno. Le conocí hasta donde era posible bucear en su piélago recóndito, casi siempre amurallado por su orgullo. Teniendo plena conciencia de su valer, exagerábalo hasta la hipérbole cuando se enfadaba o sufría perturbaciones alcohólicas. Asombrábase de la impetuosidad de mi juventud, de mi audaz manera de expresarme y de actuar, de mis atrevidas opiniones que, en su fuero interno consideraba probablemente impetuosas".

Estas, y a saber cuántas cosas más determinaron que Darío no fuera el dios del modernismo en las publicaciones de Turcios. El sumo sacerdote de la Belleza tenía que ser así. Como dice Vargas Vila, uno de sus más desinteresados biógrafos, Darío no fue un romántico; no fue un lírico; fue un sinfónico. Lo que indica que careció de los sentimientos que impulsan a los cantores, en cambio le llevaron al misticismo los sonidos, las sílabas, las combinaciones silábicas, en una palabra la prosodia, y luego lo vocables descubiertos, los versos inoídos, las músicas divinas, vinieran del Paraíso de Dante o del Olimpo de Homero. Darío, probablemente, en sus horas de soledad escuchaba el silencio, un don que no es dado a todos.

Turcios, seguramente, cerró sus páginas al pontífice paisano para evitar que la "peste rubeniana" invadiera sus publicaciones, porque así como Darío en París, en Madrid o en Buenos Aires, siempre andaba seguido de una tropa de aduladores en prosa y verso, así otra legión de "abrebocas" invadían las redacciones de los diarios y revistas con sus colaboraciones espontáneas dedicadas al artista inimitable.

No fue, pues, mala voluntad ni ninguna otra pasión baja de parte de Turcios hacia Darío. Turcios tenía buenos sentimientos. Era fraternal. Era un caballero, como solemos usar en América este vocablo.

Bibliografía: Memorias de Froylán Turcios; Rubén Darío, por J. M. Vargas Vila.

BRILLO ESTELAR DE
LA REVISTA ESFINGE

Escribe Froylán Turcios en sus Memorias:

"De 1912 a 1915 aumentó mi actuación literaria. Un. grupo de escritores reunióse para fundar el Ateneo de Honduras, del cual se me nombró presidente y director de la revista que le sirvió de órgano. Fundé a mi vez el quincenario antológico Esfinge —el mayor esfuerzo hecho en Hispano América para presentar las más brillantes páginas de los grandes poetas y escritores de todos los tiempos— según José Enrique Rodó; la mejor antología castellana— según Rubén Darío—; la antología más completa y brillante de las letras universales —según Ramón del Valle Inclán—.

Era cosa, en verdad, muy difícil, reunir los excepcionales textos de aquella revista, y evitar que su interés decayera, en un medio mental tan pobre, tan ingrato, por no decir tan hostil. Para ello veíame obligado a un extraordinario exceso de lectura de los más exquisitos libros de todos los países, traducidos al español por literatos auténticos, y que yo encargaba Europa por cada correo. Fuera de unos pocos espíritus de singular comprensión, los que en Honduras (y así sería en otras partes) tomaban en sus manos aquel oblongo cuaderno finamente impreso en tintas de colores, no entendían o no apreciaban su valor. Hubo quienes me aconsejaran que desistiera de tan inútil tarea, y entre ellos dos escritores y tres jurisconsultos de renombre en nuestros predios municipales.

Imperturbable ante aquellos soplos adversos de la inconsciencia, continuaba extrayendo el oro más puro de los más bellos volúmenes y captando, de las mejores revistas que recibía en canje, algunos parágrafos preciosos y refinados sonetos. Así hice conocer en Centro América los valores cerebrales del mundo en todas las épocas, abriendo una brecha luminosa en la fría penumbra.

Ya en los últimos meses aumentaron considerablemente en mi patria los lectores de Esfinge y las voces de aliento multiplicábanse por todas partes. Los pródigos granos de la siembra empezaban a germinar. Si diré que si tanto me costó que llegara a apreciarse, en todo su valor, aquella antología, —en Honduras y en las otras partes centroamericanas—, en las naciones de civilización floreciente fue acogida con oportunos aplausos desde que apareció. En París, la Revista Blanca, el Mercurio de Francia y algunos célebres hebdomadarios, dirigidos por escritores ilustres, reproducían sus sumarios e igual cosa hicieron, después revistas de primer orden de la Argentina, México, Uruguay, Colombia, Venezuela, Chile, etc. Recibí centenares de cartas de firmas famosas elogiando mi labor; y sus colecciones, hasta en los días de abril de 1929 en que salí de Tegucigalpa, pagáronse a muy alto precio. Sesenta números aparecieron y ellos constituyen —lo digo con la fuerza de la verdad— uno de los volúmenes de mayor valía que pudiera soñar el esteta de más quintaesenciado espíritu. Pongo fin a estas evocaciones de la revista que elevó mi ser al plano definitivo de la serenidad y la belleza, rememorando el esfuerzo meritísimo de Lalita en aquellas esperadas ediciones. Fuera de que su perfecta comprensión hasta de los más sutiles vuelos del pensamiento, y su infalible juicio, de calidad única en Honduras, me estimularon, como siempre, para no desmayar en tarea tan desinteresada y espiritual, ella cooperaba eficazmente en sostenerla, copiando con su aptitud admirable. Como era tan humilde consideraba que debía únicamente a mi cariño los elogios que por tan raro don le prodigara".

En una entrevista que le hizo Federico Milton a Rubén Darío en Puerto Cortés, cuando regresaba de Europa la última vez, le ratificó lo que afirma Turcios en sus Memorias, que de Centro América se tenían noticias únicamente por Esfinge y una publicación más de San José de Costa Rica, en Francia y en España.

Esfinge fue el órgano de difusión más serio que tuvieron las escuelas modernistas en el área centroamericana. La expresada revista vino a renovar el aire viciado por las viejas escuelas en la misma área. En un esfuerzo que no tuvo desmayo desde 1912 hasta 1915 logró silenciar la altanería de los neoclásicos y los románticos a ultranza y los refunfuños de los retoricistas provinciales.

Entendamos, sin embargo, una cosa. En Europa, diciendo las escuelas nuevas que interpretaban en literatura y en arte la "bella época", en realidad estaban representando la gran crisis del sistema capitalista que iba a culminar en la primera guerra mundial y en el nacimiento de la Unión Soviética.

No en vano se sumó al vocabulario la palabra decadencia y sus derivados decadente y decadentismo que arbitrariamente significaba refinado, refinamiento, joyería.

También debe entenderse que en América donde el modernismo había significado con suaves notas el canto del desarrollo latinoamericano, apenas empezado el siglo XX la Doctrina de Monroe estaba demostrando su poder con la apertura del canal de Panamá y después con la imposición del Tratado Bryan—Chamorro.

Esto indicaba que América Latina había empezado a entrar en un nuevo coloniaje. En tales condiciones, Rubén Darío que tenía sus debilidades acomodaticias, como gran responsable, como gran maestro del modernismo, marcó el inevitable viraje político en su notable canto "A Roosevelt".

Así la marcha del tiempo, Turcios no pudo ir con la revista Esfinge más allá de 1915. La primera guerra mundial, se puede decir, estaba empezando, y en América el Presidente Wilson había vestido la Doctrina de Monroe con el traje de pastor protestante. Nunca la hipocresía descarada se había elevado como entonces a la categoría de institución política. Aquel gobernante, mientras acosaba con sus ejércitos a su vecino México, subía al púlpito para pronunciar sermones de paz, fraternidad y amor cristiano.

De otra parte, Turcios ya conocía el servilismo de ciertos gobernantes latinoamericanos con el poder de los Estados Unidos. Había regresado de su emigración en Guatemala, cuando pensó en fundar un diario. Preguntó al gobernante Miguel R. Dávila si sería posible esto, habiéndole contestado favorablemente. En efecto, salió El Heraldo para satisfacción de los hondureños, y siguió publicándose con toda normalidad. Pero…

En el mes de julio de 1910, Turcios escribió un editorial sobre el imperialismo yanqui, haciendo ver las tropelías que cometía en Honduras. Rabioso Dávila, mandó clausurar el periódico por medio del Director de Policía, Luis Salamanca, aventurero colombiano, quien empasteló los tipos de imprenta y después los arrojó al patio, acto que completó con llevarse los bultos de papel periódico para que no siquiera apareciendo El Heraldo.

Si hemos hecho esta digresión se debe a que Turcios sabía de sobra que la "belle epoque" era cosa del siglo anterior y que si acaso se proyectaba en el nuevo se debía a que siempre los rayos de un sol se desvanecen con cierta lentitud.

Pero Esfinge como espejo de la literatura de los tres primeros lustros del siglo XX, fue un acontecimiento cultural tan majestuoso que dejó atrás, muy atrás, pálidas y mediocres, todas las tentativas similares en Centro América.

GABRIEL D'ANNUNZIO

Gabriel D'Annunzio fue el escritor italiano más conocido y admirado en América Latina en los años finales del siglo XIX y en los iniciales del XX. Llegó a opacar a los decadentes franceses y a los de otros países, porque mientras éstos se solazaban en la vida desordenada de la bohemia con la cabellera alborotada, con el traje descuidado, con la palidez de los enfermos, dedicados a la morfina, el ajenjo, a fumar hierbas alucinantes, y a perder noches enteras en centros insanos de variados vicios,, creyendo que allí le debían rendir culto a la belleza, D'Annunzio, en cambio, Guido Rampagneta como es su nombre de pila, se fue elevando con su sobrenombre arcangelical por la vía de los millonarios, los aristócratas y los poetas del Renacimiento a las cumbres de la fama y de la gloria, desde donde se tuteaba con los príncipes y hacía suyas a las mujeres más codiciadas de Europa en aquel tiempo.

D'Annunzio nació en Pescara y murió en su principado de Montenevoso (1863—1938). Autor de poesías: Laudes; de novelas: El triunfo de la muerte, Las vírgenes de las rocas, El Fuego; y de obras teatrales, como La ciudad muerta y La hija de lorío. En todas sus obras se revela como pintor de la pasión. Pero entiéndase, teniendo de cerca a Nietzsche y Wagner, el filósofo despreciativo y el músico arrobador, el motivo de su obra lo encuentra en el rebuscamiento estético y despierta en el idioma músicas inoídas.

El poeta italiano es un esteticista, doctrina que conviene explicar. Toda actitud que considera los valores estéticos como los fundamentales y primarios y reduce o subordina a ellos todos los demás (aún los morales y sobre todo éstos). En tal sentido, se puede denominar esteticismo ya sea una doctrina como la de Novalis o Schelling que ve en el arte la Revelación de lo Absoluto, ya sea una actitud como la de Gabriel D'Annunzio o de Oscar Wilde, que dan preferencia a los valores estéticos en la literatura y en la vida.

El esteticismo fue caracterizado por Kierkegaard como la actitud del que vive en el instante, o sea, del que vive para apresar lo que hay de interesante en la vida olvidando todo lo banal, insignificante y mezquino. El esteta, por lo tanto, evita la repetición, que implica siempre monotonía y quita interés a los sucesos más prometedores. El símbolo o la encarnación del esteticismo es, por lo tanto, Don Juan que se dedica a seducir mujeres bellas y difíciles. El final de la vida del esteta es, según Kierkegaard, el aburrimiento y, por tanto, la desesperación.

Ahora se explica el porqué Turcios vivía apegado al poeta italiano Gabriel D'Annunzio, al grado de considerarlo como el poeta más brillante del mundo entero en la "Belle epoque". Y así se explica que le dedicara uno de sus poemas más trabajados, como es

SUPREMO ARTIFICE

A. Gabriel D'Annunzio

¡Oh rimador! Conoces
el alma de la Lyra:
el milagro recóndito del verso,
los profundos valores de las sílabas.

Sometes las palabras
a tu poder despótico.
Como diamantes fulgen los vocablos
en tu ritmo sonoro.

Tu mano milagrosa
forja el pálido estoque florentino.
I resplandecen misteriosas piedras
en la gama suprema de tu estilo.

Juegas con el sonido como juega
el malabar con su aro de colores.
Deslumbras con tu frase de relámpago
y su espíritu arrancas a las voces.

Te ofrendó su secreto
la portentosa musa de las cumbres,
que vive entre los vientos y las águilas,
viajera por las bóvedas azules.

Asciende por la escala luminosa,
¡oh domador del Pensamiento! ¡Tienes
ante tu enorme gloria
el rayo y las montañas de laureles!

Va tu alma desde lo ínfimo a los hondos
génesis de los soles errabundos:
desde las simples cosas al arcano
de los sagrados números!

Leída y meditada esta poesía de Turcios, se comprende a D'Annunzio. "Conoce el alma de la Lyra". "Somete las palabras a su poder despótico". "Su mano milagrosa forja el pálido estoque florentino". Y "va su alma desde lo ínfimo a los hondos génesis de los soles errabundos". "Desde las simples cosas al arcano de los sagrados números. Aparte de la repetición grosera que el capitalismo industrial se estaba transformando en capitalismo monopolista con una velocidad sorprendente, en Roma, "el ombligo del mundo", en Italia y aun en Europa se creyó que D'Annunzio traía consigo un nuevo Renacimiento.

Se abrigaba esta sospecha por su elegancia personal, por la fastuosidad que le rodeaba, por su fama de escritor único y, sobre todo, por su innegable amoralismo, pues su conducta y la de sus personajes novelados y dramáticos no tomaban en cuenta el bien y el mal de la moral común. Era una especie de Zaratustra nietzscheano con el consecuente refinamiento latino.

Turcios no veía en D'Annunzio al maestro sino al cofrade en el esteticismo. Ambes gozaron el instante. Comprendieron la belleza de la vida. D´Annunzio fue un Don Juan. Turcios amó a mujeres innumerables y éstas se sabe que lo amaron con pasión. Cuando se produjo la primera guerra mundial, D'Annunzio llegó a ser héroe de la aviación italiana, y Turcios se lanzó a los combates contra el yanquismo americano. No estamos comparando a aquél con éste, simplemente estamos señalando sus diferencias.

Pero sí debemos anotar que el artista supremo que presidió las páginas de Esfinge, de 1912 a 1915, fue Gabriel D'Annunzio. Y el público lector de la revista sentía satisfacción.

Para que se vea la influencia que ejercía en las mujeres aquel Don Juan italiano vamos a relatar una pequeña historia.

Consuelo Suncín se llamaba una joven salvadoreña de la ciudad de San Vicente que estudiaba magisterio en la Escuela Normal de la capital San Salvador. Leía apasionadamente las novelas de D'Annunzio y soñaba.

Su profesor de literatura era el doctor Lisandro Villalobos, autor de un cuento largo bien logrado "El Señor de Moropala", y llenaba de atenciones a la bella colegiala.

Cuando Consuelito Suncín —así se le llamaba— alcanzó su título de maestra, oyó de labios del doctor Villalobos que estaba esperando aquel momento para decirle que la amaba y le proponía inmediato matrimonio.

Consuelito se llenó de alegría al oír aquella declaración, abrazó y besó al doctor Villalobos y le dijo que con el mayor gusto se casaba con él, y que para hacerlo sólo tenía que ir a México a cumplir una promesa que le debía a la Virgen de Guadalupe. Ahora se entiende que el enamorado profesor la despachó lo mejor que pudo para la nación azteca.

Consuelito Suncín llevaba buenas cartas de recomendación y entre ellas la mejor para el notable pensador José Vasconcelos, que en ese tiempo estaba al frente del Ministerio de Educación de México. Ver a Consuelito y enamorarse de ella el viejo solterón fue una misma cosa. La colmó de atenciones y le rogó que se casara con él.

Ella le contestó que sí, que no había ningún inconveniente pero que antes tenía que ir a Francia, pues era católica y le debía una promesa a la Virgen de Lourdes. Vasconcelos, católico también, se llenó de satisfacción y la despachó lo mejor que pudo, con la súplica, eso sí, que no se fuera a tardar.

Consuelito Suncín llegó a París. Hizo novedad su presencia en los círculos hispanoamericanos. El que más cerca le anduvo fue Enrique Gómez Carrillo, otro Don Juan. Y ante la resistencia que le ofrecía, el "cronista" no pudo menos que ofrecerle matrimonio.

Consuelito aceptó a Carrillo con la condición que la dejara ir, sin proponerle compañía, a Roma, pues era devoción de su familia ver al Papa cada cinco años. Y partió para la Ciudad Eterna, dejando al "cronista" perdidamente enamorado.

Consuelito Suncín tocó la puerta del palacio de Gabriel D'Annunzio. El poeta de las Vírgenes de las Rocas quedó deslumbrado ante aquella visión exótica que llegaba a su mansión.

Consuelito llegaba a entregarse a Gabriel D'Annunzio, como siglos antes la reina de Saba llegó al lecho de Salomón.

Satisfecho y delirante, D'Annunzio ponderaba a Consuelito ante sus amigos, poetas y artistas italianos:

—No vino de Asia. Vino de las selvas del Brasil. Un poderoso jefe de tribu es su padre. Es una bárbara. Temo que un día de éstos me vaya a devorar. Oigan ese ruido de tiestos rotos. Es mi colección de vasos asirios. Bien les dije que es una bárbara.

Pasada la luna de miel, Consuelito Suncín volvió a París con el renombre de "amante de Gabriel D'Annunzio", que realzaba su belleza y su prestigio.

Como Carrillo era cínico, luego se estuvo casando con Consuelito. Pero el "cronista" ya estaba gastado, y Consuelito no tardó en quedar viuda.

Se le acercó el marqués Antoine de Saint Exupéry, aviador de la primera guerra mundial, el primero en cruzar de norte a sur las arenas de África, novelista de primera, cuentista singular aristócrata, millonario.

Se casaron y fueron felices. Pero la felicidad es corta. No es eterna. El marqués de Saint Exupéry murió, no sabemos si de muerte natural o en un desastre aéreo.

Consuelito Suncín o la marquesa de Saint Exupéry quedó millonaria, en el corazón de París.

En un año de la década 30 llegaron dos franceses de corte distinguido a San Salvador. Alquilaron la planta alta del Hotel Nuevo Mundo. Y la condicionaron con tanto primor como para recibir a una reina.

Luego llegó la marquesa de Saint Exupéry con tanta riqueza como no se ha visto en San Salvador.

Tuvo que explicar por medio de periodistas amigos como Manuel Barba Salinas que la había tratado en París, que la Marqueza de Saint Exupery era la misma Consuelito Suncín, la que invitaba a los intelectuales de la capital para una fiesta en el Hotel Nuevo Mundo.

El hotel se llenó por conocer a la marquesa y beber champaña con boquitas deliciosas hasta decir ya no. Y allí los poetas, ya iluminados, hicieron derroche de versos pasados de moda. Lo único agradable eran las sátiras de Barba Salinas que hacía de paje de la marquesa.

En una de tantas mañanas, Consuelito, se vistió de "mengalita" y sin ser vista tomó un taxi para ir a San Vicente a ver a su familia. Qué ganas tenía Consuelito de volver a probar los platos de la localidad y que hicieron el encanto de su infancia.

Se sentaba en el suelo, en un petate, rodeada de su familia, y allí se estuvo un buen tiempo contándoles a todos como había hecho el viaje desde su tierra olorosa a maquiligües hasta Roma para beber amor en los labios de Gabriel D'Annunzio (1).

Consuelito Suncin fue una de las mujeres d'annunzianas, como escribe Curzio Malaparte en sus bellas e inimitables crónicas de "Kaput" (2).

También soplaba el viento d'annunziano en las páginas de la revista Esfinge del poeta hondureño Froylán Turcios, y ese viento refrescaba a todos sus lectores a donde fuera.

NOTAS:

(1) Consuelito Suncín permaneció un mes en la República de El Salvador. No se supo si la había visitado el doctor Lisandro Villalobos. Después regresó a París.

(2) La última mujer d'annunziana fue una bellísima joven norteamericana que se movió de Nueva York al principado de Montenevoso en Italia, sólo por entregársele al Imaginifico, palabra italiana que no tiene traslado al español, pero que podría ser "imaginativo en exceso".

D'Anunzio al verla le gritó "No! No! No! ¡No es posible juntar tu encendida y florida carne con mi carne ya enjuta y medio muerta! No! No! No!". Y enloquecido le tiró la puerta.

Bibliografía: Esfinge, de donde se tomó el poema Supremo Artífice de Froylán Turcios. Distintas publicaciones.

ATENEO DE HONDURAS

A la altura de 1915, Froylán Turcios había llegado a la cima de la celebridad. Su nombre en alas de la revista Esfinge había volado y llegado a países verdaderamente exóticos, palabra de uso frecuente en aquel tiempo. Sus libros habían completado su renombre de poeta, prosista, antólogo, cuentista, novelista, escritor de ensayos literarios.

Tomando en cuenta los méritos señalados de Turcios, cuando un grupo de intelectuales fundó el Ateneo de Honduras, acordaron elegirlo presidente de la institución. Y no sólo eso, también acordaron nombrarlo director de la revista del "Ateneo de Honduras", nombre con que fue bautizada la nueva publicación que iba a reunir y agilizar a la intelectualidad hondureña y centroamericana.

Diremos algo que va a sorprender a los lectores. El gobierno del doctor Francisco Bertrand no fue cualquier gobierno. Los feroces hombres de partido lo adversaron, por el lado nacional y por el lado liberal. Los sobrevivientes de aquella época hablan del sorianismo en forma despectiva o sarcástica, como si fuera delito buscar a un hombre sano moralmente hablando, ilustrado y culto para que ocupara la presidencia de la república de Honduras.

El doctor Nazario Soriano era un egresado de las más calificadas universidades de Europa. Entre tantas había estudiado en la Universidad de París. Dice Turcios en sus "Memorias" que estando en la Ciudad—Luz fue a ver cómo estaba Rubén Darío, habiéndole encontrado bueno y sano y diciéndole que lo invitaba a almorzar para que conociera a un pariente suyo de apellido Soriano. Era Nazario, muy joven entonces. Darío sabía de sobra que su verdadero padre no era aquel ebrio constante que respondía al nombre de Manuel García en León, Nicaragua, sino Juan Benito Soriano, abogado, político, ex—funcionario de la República Mayor de 1898, hondureño de San Marcos de Colón, unido por amor con Rosita Sarmiento, madre de Darío, y quienes vivían en la ciudad de San Salvador, donde murieron y fueron enterrados en el mismo mausoleo. Desde luego, Darío le importaba un pito que su padre fuera Manuel García o Juan Benito Soriano, pero la referencia de

Turcios en sus "Memorias" hace creer que el panida se inclinaba en favor de Juan Benito.

El sorianismo fue el delito del doctor Bertrand. El error de Bertrand fue haber traído a Soriano a las últimas y proponerlo candidato a la presidencia a toda prisa. Esto disgustó a los políticos feroces que sugestionaron el pueblo en contra de los planes y los deseos del gobernante.

Pero apartado el sorianismo, el doctor Bertrand hizo la unión de la familia hondureña. Hombre tan ilustre como el doctor Policarpo Bonilla fue representante del gobierno de Bertrand en la Conferencia de Paz de Versalles. El general Rafael López Gutiérrez fue comandante de Armas de Tegucigalpa en aquel gobierno. La gente vivía dedicada al trabajo, a la producción y al comercio y prosperaba. Sólo en la Reforma de 1880 había habido una floración de intelectuales como en la administración de Bertrand. Ahora lo que realmente le hizo daño a este gobernante no fue el sorianismo sino el movimiento unionista de 1917. La razón es la siguiente. En aquel año se hallaba en todo su furor la primera guerra mundial de dos bloques imperialistas que peleaban por un nuevo reparto del mundo. El movimiento unionista contenía una reivindicación democrática como era restablecer la República Federal de Centro América que tendía a debilitar el poder regional de la Doctrina de Monroe, caso intolerable para los Estados Unidos en un momento tan peligroso como aquél.

Los Estados Unidos que habían encadenado a Nicaragua con el Tratado Bryan—Chamorro y habían decepcionado a Costa Rica con la ineficacia de la Corte Centroamericana de Justicia de 1907, más otras maniobras invisibles, pusieron al descubierto el Catilina istmeño que había en el doctor Francisco Bertrand, y sólo esperaron la terminación de la guerra para echarlo del poder de Honduras.

Además, el puerto de Amapala en aquel tiempo estaba lleno de comerciantes alemanes, quienes, es probable, instalaran en la cumbre del cerro El Tigre una estación inalámbrica de señales para los buques alemanes. Este hecho, en concepto del servicio de inteligencia de los Estados Unidos, debía conocerlo el gobierno de Bertrand y no dio cuenta de su existencia.

Soriano, en consecuencia, seguiría la política de Bertrand. Actuaría como enemigo. Por lo que sería rechazado de cualquier modo.

Cuando las cotorras políticas de Honduras se dieron cuenta de la sentencia inapelable del Tío Sam, iniciaron una ensordecedora gritería en los periódicos contra el gobernante y cuantos le habían jurado lealtad eterna, lo dejaron solo. Bertrand redactó una protesta contra la política abusiva de los Estados Unidos. Se la mandó al plenipotenciario Sambola Jones y abandonó el país.

Repetimos que durante el gobierno del doctor Francisco Bertrand hubo un florecimiento cultural que solo en la Reforma Liberal se había visto (1876—1883). En aquel gobierno fue fundado el Ateneo de Honduras con su respectiva publicación.

El Ateneo tuvo un Presidente Honorario en el doctor Francisco Bertrand.

La Junta Directiva fue organizada así: Presidente, Froylán Turcios; Vocal 1°., Esteban Guardiola; Vocal 2°., Samuel Laínez; Secretario 1°., Rafael Heliodoro Valle; Secretario 2°., Adán Canales; Tesorero, Pedro Nufio.

Socios activos: Carlota Membreño, Visitación Padilla, Rómulo E. Durón, Miguel A. Navarro, Juan María Cuéllar, Luis Andrés Zúñiga, Salatiel Rosales, Francisco Nolasco, Ernesto Argueta, Presentación Quesada, Carlos Zúñiga Figueroa, Luis Landa, José Cruz Sologaistoa, Félix Salgado, Enrique Pinel, Buenaventura Zepeda, Rafael Coello Ramos, Edmundo Lozano, Gonzalo Sequeiros.

Socios Honorarios y Corresponsales en Centro América:

Guatemala: Socio Honorario: José Rodríguez Cerna, Corresponsales: Adrián Recinos, Virgilio Rodríguez Beteta, Miguel Ángel Urrutia, Máximo Soto Hall, Francisco Contreras B., Eduardo Aguirre Velásquez, Carlos Wyld Ospina, Alfonso Guillén Zelaya, Rafael Arévalo Martínez, S. Martínez Figueroa, Carlos H. Martínez.

El Salvador: Socio Honorario: Francisco Gavidia. Socios Corresponsales: Alberto Masferrer, Rubén Rivera, Román Mayorga Rivas, José Antonio López Gutiérrez, Arturo Ambrogi, José Dolores Corpeño, Alonso A. Brito, Jorge Zepeda.

Nicaragua: Socio Honorario: Santiago Argüello, Socios Corresponsales: Roberto Barrios, Juan Ramón Avilés, Antonio Bermúdez, José Olivares, Ramón Saénz Morales.

Costa Rica: Socios Honorarios: Roberto Brenes Mesén, Ricardo Fernández Guardia, Justo A. Facio. Socios Corresponsales: Joaquín García Monje, Ernesto Martín, Carlos Gagini, Guillermo Vargas, Claudio González Rucavado, Alejandro Alvarado h., Pablo Baudrit.

Honduras: Socios Corresponsales: Jerónimo J. Reina (Santa Rosa), Adán Coello (Amapala) Julián López Pineda (Gracias), Mercedes Laínez (Amapala), Lucila Gamero de Medina (Danlí). Manuel de Adalid y Gamero (Danlí), Emilio Williams (Choluteca), Vicente Mejía Colindres (Minas de Oro), Calixto Marín (La Paz).

El Ateneo de Honduras tanto reunía a la más calificada intelectualidad de Honduras como de Centro América. Estaban en él famosos intelectuales como: Joaquín García Monje, Roberto Barrios, Froylán Turcios, Salatiel Rosales, Vicente Mejía Colindres, Alberto Masferrer, Arturo Ambrogl, Rafael Arévalo Martínez, Virgilio Rodríguez Beteta, Alfonso Guillén Zelaya y José Rodríguez Cerna, muchos de los cuales ya estaban perfilando, contando con la colaboración del poeta colombiano Porfirio Barba Jacob, las líneas estéticas del neo—modernismo.

El primer editorial del "Ateneo de Honduras" lo redactó el escritor Salatiel Rosales, que tituló justamente El Ateneo de Honduras, y que dice:

"Con este prestigioso nombre acabamos de formar una verdadera simbiosis de espíritu, porque hemos comprendido que así como en lo físico del connubio de las energías elementales resultan las fuerzas dinámicas, poderosas y omnipotentes, así también en lo espiritual, de la suma, de la comunión de unas cuantas almas dispersas, que son energía y luz al mismo tiempo, puede crearse un gran núcleo de acción potente y luminosa.

Hemos asociado nuestros espíritus en la convicción altamente filosófica de que, con la diversidad de nuestros temperamentos, con la multiplicidad de nuestros matices interiores, formaremos algo que se parezca a un ideal y armonioso microcosmos, en el cual, como en una perfecta euritmia, nada faltará ni nada estará de sobra. Será el nuestro un concierto de tonos, un concierto de voces, un concierto de ritmos, y será también y sobre todo, una sólida alianza de voluntades y de corazones para realizar una labor de cultura que por lo decisiva e intensa, nos haga dejar muy atrás esa cruda noche de semibárbaro obscurantismo en que nos hemos debatido durante largas décadas.

Para los filósofos del sentido práctico, groseros evaluadores del progreso humano, que quisieran ver convertida a la nación a que pertenecen en una mesada de porquerizos o en una sórdida banda de traficantes, un ateneo, una academia, un centro donde se haga luz, donde se elaboren ideas y se persiga un sereno ideal de perfeccionamiento interior, son cosas baladíes, que merecen la indiferencia, cuando no la burla, esa burla plebeya y cínica con que cierta empingorotada chusmocracia intelectual pretende abatir los gestos de aquellos que les son contrarios por el espíritu, por el corazón, por la idiosincrasia y por las tendencias.

Mas para nosotros, que pensamos que el verdadero progreso humano es interior y, que ese progreso va siempre de adentro hacia afuera, y que hasta las portentosas obras del músculo no son otra cosa que cristalizaciones, corporizaciones audaces de una idea o un sueño que han estado antes en la mente del hombre, todos aquellos esfuerzos que de algún modo u otro se encaminen a desarrollar el espíritu, a cultivarlo, a intensificarlo, son los esfuerzos más positivos y trascendentales que pueden realizarse en beneficio de un pueblo.

Penetrados, pues, profundamente de estas ideas, hemos emprendido nuestra labor, de una manera modesta, pero seguros del triunfo final, porque tenemos confianza en nuestro esfuerzo, porque nos conforta una fe muy viva, y porque nuestros pasos iniciales han sido presididos de los más risueños y felices augurios".

(Ateneo de Honduras, Revista mensual, órgano del centro del mismo nombre, Año I, Tegucigalpa, Honduras. Centro América, 22 de octubre de 1913, No. 1).

El Ateneo de Honduras funcionó y su revista circuló en los años del gobierno del doctor Francisco Bertrand.

Siguió funcionando y editando su revista en los primeros años del gobierno del general Rafael López Gutiérrez. Pero Froylán Turcios pasó a atender otras actividades literarias y públicas.

Existiendo en América el tema de los Libertadores —que no lo tiene ninguna literatura de ultramar— de ese tema se ocupa principalmente la revista del Ateneo, con el impulso de Froylán Turcios, Salatiel Rosales, Rafael Heliodoro Valle, Luis Andrés Zúñiga y unos cuantos más.

Por eso no es extraño que en la primera edición aparezca el poema de Leopoldo Lugones titulado Los héroes:

> Galopan en la llama de oro del sol naciente,
> son cuatro mil bravuras en un solo torrente.
> Son los libertadores. La montaña los mira
> con un sombrío ceño de sobresalto y de ira
> vibrando en el sonoro temblor de sus peñascos.

Y adelante:

> Ya están aquí los cóndores, dice; La hueste hace alto
> se estremece sintiendo maternal sobresalto
> para verlos. Son reyes; son verdugos; sus zarpas
> asesinan; sus plumas vibran cual sordas arpas;
> tienen el ala siendo la fiera; cuando acecha…

No se olvide: el alma de la revista El Ateneo de Honduras era el clarín de los Libertadores.

UNA REVISTA POLÍTICA:
HISPANO—AMÉRICA

Convencido el poeta Froylán Turcios que había terminado el modernismo literario con el estallido de la primera guerra mundial, suspendió la publicación de aquella joya llamada Esfinge. Posteriormente dejó a cargo de una inteligencia lúcida la divulgación de El Ateneo de Honduras, que era otro estuche de novedades.

Puso todo su empeño en publicar la revista Hispano—América, cuyo primer número apareció el 1º. de noviembre de 1922, con estas breves palabras informativas.

"Será esta una revista de revistas: una antología de Letras, Artes, Ciencias, Misceláneas; un resumen de textos relativo a la defensa de los intereses hispanoamericanos, y, de manera especial, de los que se refieren a la autonomía y unión de los cinco Estados que constituyen nuestra patria. Así, en estas páginas sonarán las grandes voces del Continente.

Ensayo de amplia cultura, de verdadero patriotismo, de campañas generosas; ajena a toda discusión, a toda política local, Hispano—América aspira a atraerse las voluntades y los corazones en una labor útil y serena, en una obra ecuánime de Belleza y de Verdad".

En efecto, a Hispano—América llegaban las voces de José Vasconcelos (autor de Indología y Raza Cósmica), Alfonso Reyes, Francisco Henríquez y Carvajal, Pedro Henríquez Ureña, Eugenio María Hostos, José María Vargas Vila (autor de Ante los bárbaros del Norte), Rufino Blanco Fombona, Carlos Vaz Ferreira, José Ingenieros, Manuel Ugarte, José Carlos Mariátegui, Leopoldo Lugones, Miguel de Zárraga, Alberto Ghiraldo, Isidro Fabela, Jacinto López, no faltando las voces de algunos norteamericanos antiimperialistas.

También colaboraban los nuestros: Timoteo Miralda, de Honduras; Alberto Masferrer, de El Salvador; Rafael Arévalo Martínez, de Guatemala; Rodolfo Espinoza, de Nicaragua, y Roberto Brenes Mesén, de Costa Rica.

El dios que presidía esta tempestad de rayos y truenos era el uruguayo José Enrique Rodó. No podía ser otro si en la lucha de la segunda independencia él había sido el primero en levantar su gran voz de profeta Isaías señalando el peligro que representaba Babilonia, pero la de hoy.

El tema especial de la revista era la denuncia de la Doctrina de Monroe en sus distintas interpretaciones por los distintos presidentes norteamericanos desde el año en que fue proclamada.

Tenía un motivo de irritación constante: la ocupación de Nicaragua por los marinos yanquis desde que había sido firmado el Tratado Chamorro—Bryan, los cuales debían desocupar el país sin pérdida de tiempo y anular el Tratado.

Había otros motivos más que encendían de cólera a la revista. El recuerdo de que el Departamento de Estado había imposibilitado la unión centroamericana de 1917, sugerida y movida por el Presidente Bertrand de Honduras. El hecho reciente de que el mismo Departamento de Estado había roto la unión centroamericana de 1921. Y luego la conferencia a bombos y platillos para celebrar el Tratado de Paz y Amistad entre las naciones de Centro América, conocido corrientemente con el nombre de los Pactos de Washington de 1923.

De paso queremos que se conozcan los nombres de los plenipotenciarios centroamericanos que firmaron el Tratado General de Paz y Amistad y las Convenciones. Es que personajes así pasan como "honorables" a la historia, olvidándose los hechos nefastos en que participaron contra la patria chica y la patria grande.

Manos a la obra:

Por Guatemala: Francisco Sánchez Latour y Marcial Prem;

Por El Salvador: Francisco Martínez Suárez y J. Gustavo Guerrero;

Por Honduras: Carlos Alberto Uclés, Salvador Córdova y Raúl Toledo López;

Por Nicaragua: Emiliano Chamorro, Adolfo Cárdenas y Máximo H. Zepeda; y,

Por Costa Rica: Alfredo González Flores y J. Rafael Oreamuno.

Si dispusiéramos del suficiente espacio, copiaríamos íntegros el Tratado y las Convenciones de Washington de 1923, para que vieran los lectores la desvergüenza de los hombres públicos de Centro América, muchos de los cuales habían cooperado asiduamente en el esfuerzo unionista independiente de 1921, y posteriormente de común acuerdo con el amo forjaban las cadenas con que iban a aprisionar a las cinco pequeñas repúblicas.

Mas, no hay necesidad de hacerlo porque las constantes valientes denuncias de Turcos en Hispano—América representaron la "cólera de Aquiles".

Ya vimos que Turcios dejó la literatura de la "torre de marfil" y se trasladó a la literatura política, a la única literatura válida donde hay un poderoso imperio que oprime y unos pueblos débiles oprimidos.

Por eso se parece tanto nuestra literatura —pero la verdadera, no la afeminada— con la literatura del Antiguo Testamento, donde siempre se está "clamando" contra la opresión de un imperio: que si no son los egipcios, son los babilonios: que si no son los asirios, son los macedonios; que si no son los romanos son los imperios medievales.

Turcios en Hispano—América buscó las resonancias de esta literatura grande (aunque no perdiera la costumbre de tocar el "pito del dulcero"). Y fue tanto su efecto, que en tres años que duró la famosa revista levantó el espíritu rodosiano en nuestro sub—continente.

Véase como respondía Turcios a los reclamos latinoamericanos.

A LOS OBREROS DE LA AMÉRICA LATINA

Compañeros:
Una hora solemne, de amarga prueba para vuestros compañeros de esta tierra, que hasta ayer fue la República Dominicana (Santo Domingo) ha sonado en el reloj del destino.

Hace siete años que este país, que era una nación reconocida como libre, como independiente y como soberana, fue sorprendida por un desembarque de fuerzas armadas de los Estados Unidos de

Norte América —sin ningún derecho— y destruyendo nuestras cámaras legislativas y nuestro ejecutivo nacional, se adueñaron de la Hacienda Pública, de la administración y gobierno de la República, bajo el título de GOBIERNO MILITAR NORTEAMERICANO DE OCUPACIÓN… imponiendo impuestos, contratando empréstitos, haciendo erogaciones del tesoro —innecesarias— creando empleos para ciudadanos de los Estados Unidos, imponiendo una terrible censura a la Prensa, prohibiendo el derecho de reuniones, cometiendo toda clase de atropellos al derecho, obligando a los honorables periodistas a barrer y trabajar en las calles vestidos con el traje del presidio de Sin Sing, por protestar contra esos desmanes.

Muy extenso sería historiar todas las acciones cometidas en esta tierra por la fuerza armada de la civilizada nación de Estados Unidos.

Ante el resultado inútil de todas las gestiones practicadas ante el Gobierno de Washington, el cual ha desoído y desatendido con todo el gesto del imperialismo y del poder de la fuerza de sus cañones, todos los reclamos, comisiones y peticiones, todas las protestas pacíficas de esta República, los obreros dominicanos, en cumplimiento de su deber, en defensa de su patria y de su causa, han resuelto constituirse en PARTIDO CONFEDERACIÓN NACIONALISTA, y solicitar la ayuda de todos los Gobiernos de las repúblicas latinoamericanas, para que, de la acción conjunta de todas ellas acerca de la invasora nación de Estados Unidos, se obtenga la restauración de la República Dominicana al concierto de las naciones libres del continente americano.

¡Compañeros y hermanos! Protestad, pedid a vuestros gobiernos que intervengan en favor de vuestros hermanos dominicanos:

¡Cumplid vuestro deber!
¡El deber de compañeros!
¡El deber de la clase!
¡El deber de la Humanidad!

J. E. Kunhardt

Presidente de la Hermandad Comunal Nacionalista.

Puerto Plata, Septiembre de 1923.

La campaña de Hispano—América en favor de la República Dominicana, lo mismo que la de Nicaragua, Puerto Rico. la Zona del Canal de Panamá y otras zonas continentales, ocupadas por tropas yanquis fue constante y enérgica. Esto hacía que la publicación se continentalizara, y que el nombre de Turcios fuera de los más mencionados en los círculos políticos y periodísticos.

La lucha tenía que ser ardua por las características latinoamericanas, estudiadas por el genio de León Tolstoi en su breve artículo:

EL PORVENIR DE LA AMÉRICA LATINA

El estudio del desenvolvimiento político, social y religioso de las agrupaciones latinas en el continente americano ha tenido para mí irresistibles fascinaciones; su lado trágico, principalmente, ha sido y es motivo para mí de incesantes cavilaciones. He ahí una raza que tiene semejanzas con la raza moscovita: es aguerrida, amante de las artes y de las letras; pero, como ésta, refractaria a la homogeneidad democrática. En lo individual, es el ser más liberal del mundo —más aún que el francés—, pero en lo colectivo pierde su identidad y se transforma en energía reaccionaria.

En los sajones sucede lo contrario: el individuo es la esencia del absolutismo, la colectividad el non plus ultra de liberalismo. En fuerza de ese fenómeno, las comunidades latinas tienden a la concentración del poder, en tanto que los sajones a la distribución y la expansión. Toda nacionalidad o gobierno que centraliza el poder en perjuicio de la mayoría, camina, por razón natural, a la decadencia y a la disolución. Cuando más absoluta es una tiranía, mayores son sus gérmenes de decadencia. En el continente latinoamericano hay muchas repúblicas de nombre, pero de hecho casi ninguna. Eso me hace temer por la soberanía de los pueblos, para mí una y mil veces simpáticos: Son pueblos valientes, sin duda alguna, pero ¿qué valen las bayonetas y la fuerza física, cuando entran en conflicto con las ideas de libertad, de igualdad y de justicia? Luego si los Estados Unidos del Norte son temibles para esas nacionalidades, no es precisamente por el número de sus libertades. Una bala de cañón la rechaza una columna, pero no hay muralla que resista la pujanza moral de una idea. Y las ideas democráticas del Norte conquistarán el Sur, en cincuenta o cien años, a más tardar en dos siglos. A no ser que los latinos, en la presente o futuras generaciones, modifiquen su carácter nacional. La intolerancia en materia religiosa, el desamor a los trabajos corporales y el absolutismo gubernamental constituyen la trilogía de las dolencias mortales que afligen a la América Latina; y mientras ella no sea eliminada de sus respectivos organismos, las agrupaciones latinas están destinadas a desaparecer del Nuevo Mundo, absorbidas por la colosal homogeneidad anglosajona.

LEON TOLSTOI

Si Turcios publicó la opinión de ese gigante del pensamiento universal se debió a que también ponía ojo atento a nuestras fortalezas y a nuestras debilidades. Por ejemplo, es una torpeza, dada a entender por Tolstoi, que permanezcamos separados y hasta distanciados en América Latina, teniendo a un enemigo tan poderoso al frente como son los Estados Unidos.

En relación con esta verdad de filosofía política, fue que José Enrique Rodó en su literatura americana, escribió el aforismo de: RENOVARSE ES VIVIR.

Ahora, nos referiremos al principal objetivo de la revista Hispano—América: la fundación del PARTIDO AUTONOMISTA DE CENTRO AMERICA QUE SE PROPUSIERA LA UNION CENTROAMERICANA Y LA LIBERACION NACIONAL DEL IMPERIALISMO YANQUI.

En este empeño, Turcios puso todo su esfuerzo, y logró atraer a numerosas personalidades que habían militado en el unionismo clásico y estaban convencidas de que no llegarían al máximo fin por esa vía. Era preciso luchar contra el imperialismo, principal obstáculo para que reapareciera la República Federal de Centro América, que en otro tiempo tuvo de Presidentes a José Cecilio del Valle, con carácter provisional, y a Francisco Morazán.

JOSÉ ENRIQUE RODÓ

En la nueva instancia en que se ve Froylán Turcios, necesariamente sigue a un guía que va adelante, por los aires, a la manera del héroe griego que seguía el luminoso vuelo del dios Ares. Ese guía es José Enrique Rodó, escritor, pensador y humanista uruguayo, nacido en Montevideo en 1872 y muerto en Palermo Italia, en 1917.

Rodó comenzó a escribir a temprana edad. Acompañado de los jóvenes escritores Pérez Petit y Martínez Vigil fundó la Revista Nacional de Literatura y Ciencias Sociales. Fue director de la Biblioteca Nacional profesor de Literatura en la Universidad, diputado dos veces, embajador en Chile cuando este país celebró el centenario de su independencia.

Su ensayo titulado Ariel fue la primera clarinada en regla que hizo despertar a la juventud y a los hombres de buena voluntad de nuestra América frente al peligro invasionista del Norte, asistido de acorazados, infantes de marina, dólares, compra de caudillos indígenas y militarismo. Antes, Bolívar, Martí y otros latinoamericanos habían dejado frases sueltas de gran valor patriótico en áreas continentales, pero nadie como Rodó había pronunciado un discurso, tan largo como una filípica de Demóstenes, por cierto con igual o parecido significado. El ensayo Ariel hizo conciencia, a la vez que impuso una actitud en millones de latinoamericanos, y al mismo tiempo informó a los caciques sureños que sabían leer que en mala hora desempeñaban el triste papel de extranjerizantes. Con esto repitió a Demóstenes cuando denunció a Esquines en el ágora como agente de Filipo en Atenas.

Mas, no se crea que Rodó propagó la vulgaridad del antiyanquismo, como lo hacen muchos empujados por la irreflexión o el exhibicionismo barato. El notable pensados uruguayo supo distinguir entre el pueblo norteamericano, destinado a lejanas y elevadas cimas, y sus alternados conductores en las finanzas, la política y la Doctrina de Monroe. Al mismo tiempo mantuvo la esperanza de que pasado un período largo, la combinación de los numerosos elementos haría la síntesis de un producto nuevo que satisfaría a toda la raza humana.

Los pensadores como Rodó son útiles por la fuerza convincente de sus palabras y por la oportunidad con que las dicen. Además, estos pensadores no se quedan con la riqueza de su saber interno, jactándose de que los demás ignoran lo que ellos han alcanzado con la observación, el estudio y la meditación. Cuando más atormentada se hallaba América Latina por el vasallaje que la amenazaba, y viendo hacia todas partes no hallaba un rumbo por dónde salir, Rodó apareció con su Evangelio de fortaleza y liberación para que conociera su propia causa y trabajara por ella.

Nadie en nuestra historia latinoamericana ha sido tan oportuno como José Enrique Rodó.

Los críticos aseguran que Rodó llegó a la más alta cumbre de su pensamiento y de su estilo en su libro Motivos de Proteo, en el que propone la "renovación del hombre, triunfador del medio al conjuro de la voluntad". Y a este agregó otros, como El mirador de Próspero, en el que desfilan notables enjuiciamientos de Bolívar, Montalvo y Darío; liberalismo y jacobinismo, páginas polémicas en que defiende a Cristo de las embestidas del dogma, y finalmente, El camino de Paros bellas crónicas de viaje, publicadas, como ya dijimos, en Palermo, Italia.

Dice el compatriota de Nicaragua, profesor Edelberto Torres en su estudio sobre José Enrique Rodó que le da el título de "Renovarse es vivir", que la admiración por Bolívar, por Montalvo, por Juan Maria Gutiérrez, por Rubén Darío, hispanoamericanos de diversas regiones, denuncia el sentimiento de solidaridad continental que Rodó poseía: y en efecto, desde el principio, desde Ariel sobre todo, Rodó piensa en escala americana. Martí había dicho "Madre América"; Rodó la llama "Magna América". Son dos expresiones de filial amor para la patria continental de dos espíritus que reconocen la unidad profunda dentro de la variedad de patrias que comulgan con la misma lengua. Hondamente preocuparon a Rodó los problemas de los pueblos de habla española; por eso la prédica de Próspero está dirigida a todos ellos, y el advenimiento de la democracia soñada por él es para todas las patrias hoy disgregadas, pero que en lo futuro habrán de integrarse en una sola y vasta nacionalidad. Es que Rodó, como todos los hispanoamericanos verdaderamente ilustres, se adhería a la tesis de Bolívar, tesis que pese a los nacionalismos de hoy y a la perversión del llamado panamericanismo, triunfará ineluctablemente. Con su optimismo inclaudicable, Rodó afirma que "los pueblos hispanoamericanos comienzan a tener conciencia clara y firme de la unidad de su destino, de la inquebrantable solidaridad que radica en lo fundamental de su pasado y se extiende a lo infinito de su porvenir", y para corroborar su fe recuerda su antigua creencia en la unidad de Nuestra América. "Yo creí siempre que en la América nuestra no era posible hablar de muchas patrias, sino de una sola patria grande y única".

También como Martí y como antes de Bolívar, Rodó señala el peligro del vecino poderoso que el destino fatal puso en el norte de América. En Ariel, el maestro Próspero hace una crítica objetiva, veraz y clara de los vicios fundamentales de la gran democracia mercantilista. El intento del crítico es prevenir a los pueblos hispanoamericanos de una imitación que los desnaturalizaría. Por otra parte, se halagaba con la visión de una América abierta a todas las renovaciones surgidas de sus propias entrañas y necesidades, "a todos los anhelos de libertad y a todas las capacidades de adelanto; henchidas de espíritu moderno de amplitud humana, de simpatía universal; como gallarda manifestación característica de pueblos que aspiran a estampar su personalidad, diferenciada y constante, en la extensión continental, cuya mitad ocupan, y en el inmenso porvenir donde hallarán la plenitud de sus destinos, y que buscan para ello sentar el pie en el pasado histórico donde están las raíces de su ser y los blasones de su Civilización heredada".

Lo que, según consenso unánime, queda de Rodó para siempre en su alta calidad de artista literario. Su estilo periódico es parte de los grandes estilos castellanos. Es un artífice consumado en la construcción del período y del rodeo periódico, cada uno sosteniendo, fortaleciendo la idea central y coadyuvando llevarlo a su desarrollo final y a la vez dando una nota musical contribuyente del arpegio del conjunto de ella... Consciente de su arte y de su propia destreza, dio en La gesta de la forma el testimonio de su método, y todas sus páginas lo son también, a la vez que el elogio de la creación literaria, que exalta como una epopeya del espíritu. Oigámoslo: "¡Qué prodigiosa transformación de las palabras, mansas, inertes, en el rebaño del estilo vulgar, cuando las convoca y las manda el genio del artistal...

Desde el momento en que queréis hacer un arte, un arte plástico y musical, de la expresión, hundís en ella un acicate que subleva todos sus ímpetus rebeldes. La palabra, ser vivo y voluntarioso, os mira entonces desde los puntos de la pluma, que la muerde para sujetarla; disputa con vosotros, os obliga a que la afrontéis; tiene un alma y una fisonomía. Descubriéndoos en su rebelión todo su contenido íntimo, os impone a menudo que le devolváis la libertad que habéis querido arrebatarle, para que convoquéis a otra, que llega huraña y esquiva, al yugo de acero. Y hay veces en que la pelea con esos monstruos minúsculos os exalta y fatiga como una desesperada contienda por la fortuna y el honor. Todas las voluptuosidades heroicas caben en esa lucha ignorada".

Froylán Turcios encontró en José Enrique Rodó el Maestro de la libertad de América Latina, el Maestro para hombres resueltos a la lucha y el sacrificio, y lo siguió como un discípulo de Próspero en las páginas combatientes de la revista Hispano—América, en las proclamas de fuego del Boletín de la Defensa Nacional y en el heroísmo de la Revista Ariel.

BOLETÍN DE LA DEFENSA NACIONAL

A principios de 1923 fueron firmados los Pactos de Washington que fusilaron el ideal morazánico del federalismo independiente en honor a la autodeterminación de los pueblos, y los prohombres de los partidos tradicionales movieron sus influencias para lograr la designación de candidatos a la presidencia de la república. A estos prohombres les importaba poco la dependencia extranjera que empezaba en Centro América en ese año funesto. Al contrario les halagaba la protección yanqui porque así, habiendo una ley en el Tratado General de Paz y Amistad, en el tribunal de Washington podrían presentar demandas, ventilar juicios y oír sentencias inapelables.

El partido liberal contaba en aquel tiempo con hombres jóvenes para candidatos como Ángel Zúñiga Huete, José María Guillén Vélez, Rafael Díaz Chávez y Vicente Mejía Colindres, quien presentó su candidatura pero la retiró después. En el liberalismo hondureño ejercían poderosa influencia dos viejos: el doctor Juan Ángel Arias y el doctor Policarpo Bonilla, y ambos fueron candidatos de dos alas liberales, la del arismo y la del policarpismo.

El partido nacional, en tanto, carecía de figuras cimeras; pero varios capitalinos en rueda amistosa acordaron proponer a la consideración pública como candidato presidencial al general Tiburcio Carías Andino, porque los nacionalistas ya estaban cansados de los viejos. Carías Andino en aquel año no llegaba a los cincuenta. Había peleado en compañía de su padre y de sus hermanos en la revolución de 1894, y después había participado en los bochinches partidarios del lado del liberalismo. En el gobierno del General Miguel R. Dávila había sido Comandante de Armas en el departamento de Cortés.

Pero pasado aquel gobierno y después de una brevísima emigración en El Salvador, se dedicó a cultivar la tierra en un predio de su propiedad en Zambrano, camino de Comayagua. Allá fueron sus amigos en los comienzos de 1923 a comunicarle la idea política que abrigaban, Y posteriormente lo dieron a conocer como candidato a la presidencia de la república por el partido nacional, el partido de

Manuel Bonilla, en un rumboso almuerzo que le ofrecieron en el Hotel Cantón.

El doctor Juan Ángel Arias (hijo del prócer Céleo Arias, autor del programa político titulado "Mis Ideas") tuvo la costumbre de arrimarse a los gobiernos liberales para llegar a la presidencia de la república. Tal cosa la hizo en los tiempos de Sierra, y la repitió en los del general Rafael López Gutiérrez. De este modo, la candidatura del doctor Arias fue una candidatura oficial. Se rodeó de la juventud jacobina que estaba gobernando. Ángel Zúñiga Huete, ministro de gobernación, trazó la línea política a seguir en una circular dirigida a los gobernadores departamentales: "No debemos perder el país, el partido y el poder". De este modo, el proceso electoral fue arbitrario, desembocando en una imposición feroz.

Los partidos electorales del policarpismo y el cariísmo respondieron con energía a la brutalidad del oficialismo, en forma que aquellas elecciones más parecían una guerra civil que una justa comicial. En las urnas los partidos obtuvieron la votación siguiente: el arismo 24.000 votos; el polícarpismo, 36,000, y el cariísmo, 49.000. A simple vista la situación estaba clara; pero el Congreso Nacional debía decir la última palabra porque había más diputados aristas, menos policarpistas y menos caristias.

Entonces el juego político de los candidatos fue el siguiente: una alianza de los diputados aristas y policarpistas, para determinar el triunfo del partido liberal con 60,000 votos; una alianza del policarpismo con el cariísmo, para legalizar el triunfo de esa coalición con la apreciable suma de 85.000 votos, y una alianza del arismo con el cariísmo para expresar el triunfo de esta nueva coalición con 73.000 votos. A los tres les convenía aliarse con alguien, y esta fue la guerra de puños levantados en el Congreso Nacional de 1924.

En tales dilatorias sucedió que el Presidente Rafael López Gutiérrez no halló a quien entregarle legalmente el Poder, viéndose en el caso de tener que asumir la dictadura, que con los días trasladó a un Consejo de Ministros por motivos de enfermedad. El Consejo de Ministros fue presidido por el doctor Ángel Zúñiga Huete, en su condición de Ministro de Gobernación, y quien empezó a apretar la mano para que de verdad fuera una dictadura militar.

Ante aquel callejón sin salida, el general Carías y sus partidarios encontraron la solución de "irse a los cerros" y se desarrolló la guerra civil más sangrienta que viera la primera mitad del presente siglo, con encuentros en los cuatro rumbos del país, con el sitio de la ciudad de Tegucigalpa y con el alzamiento militar del Ministro de la Guerra general Gregorio Ferrera que perdió la partida en uno de los combates más enconados de aquella guerra como fue el de Ajuterique.

El sitio de Tegucigalpa fue el centro de la guerra civil de 1924. La revolución contaba como con 10.000 hombres situados en Toncontín, Suyapa, y más tarde, acercándose al objetivo, en el Picacho, el Berrinche, Sipile, la Zopilotera y Juana Laínez. También contaba con jefes de reconocida capacidad militar como Gregorio Ferrera, Vicente Tosta, Francisco Martínez Funes y el jefe de la revolución, general Tiburcio Carías Andino.

En la ciudad de Tegucigalpa, el general Rafael López Gutiérrez había muerto, el Consejo de Ministros había desaparecido, pero dominaba la situación el arismo con 1.000 hombres, de una calidad excepcional para la guerra. Sus jefes eran el doctor Francisco Bueso, un viejo de un valor desmedido, y el general José María Fonseca, un hombre de raza blanca, de pequeña estatura, fornido, con perfecto dominio de aquella turba y sin ningún instinto de conservación en la línea de fuego.

En 40 días de sitio los combates se habían convertido en un deporte de uno y otro lado. Todos los días había tiroteos en la mañana, a mediodía y en la tarde. Por primera vez voló un aeroplano en el cielo tegucigalpense que arrojaba bombas sin cálculo, que caían donde no debían caer. La revolución esperaba un buen armamento para empezar el ataque general.

En esas condiciones, de tensión, lucha, sangre y muerte, el Ministro plenipotenciario de los Estados Unidos, señor Franklin E. Morales, creyó oportuno pedir la intervención de los Estados Unidos y la presencia de fuerzas armadas norteamericanas en Tegucigalpa para proteger las vidas e intereses estadounidenses. Un barco de guerra, nos parece que el Milwaukee, llegó luego al Golfo de Fonseca, trayendo incluso al famoso experto en asunto coloniales, señor Sumner Welles, alto funcionario del Departamento de Estado, quien venía con la misión de hacer la paz en Honduras en consonancia con los Pactos de Washington.

El 19 de marzo de 1924 arribaron a Tegucigalpa 200 infantes de marina yanquis, con sus respectivos equipos de guerra, para instalarse en el corazón de la ciudad. Este hecho introducía una novedad en el panorama político. Los partidos tradicionales que peleaban a muerte, podían hacer la paz y emprender una lucha de liberación nacional. Esto en la suposición que los partidos fueran antiimperialistas. Desgraciadamente, no era así. Los partidos eran pro—yanquis, aunque algunos de sus elementos condenaran el imperialismo. Los partidos siguieron en su guerra civil con su furia antipatriótica. Y los políticos, de ambas agrupaciones, lo que hacían era tratar de obtener, cada uno, la mayor ventaja para su causa en las conversaciones que mantenían con Mr. Welles en el Milwaukee. El amigable componedor inclinó su sentencia en favor de la revolución y mandó que hubiera un Presidente Provisional y que ese Presidente fuera el general Vicente Tosta.

Una cosa son los partidos tradicionales y otra el pueblo hondureño. El pueblo hondureño sintió como una quemadura en lo vivo la presencia de los infantes de marina yanquis en el corazón de Tegucigalpa, y del seno de ese pueblo surgió el patriota que debía conducir la legión del patriotismo y enfrentar al invasor yanqui, en la persona de Froylán Turcios, poeta y escritor. Fue tan repentino el arribo de los "bárbaros", como les llamaba Vargas Vila a los conquistadores del Norte, que los patriotas hondureños se hallaban sin una navaja en la mano.

¿Qué hacer, entonces? Lo que convenía, Turcios empezó a publicar el "Boletín de La Defensa Nacional" desde el 21 de marzo de 1924. El primer número fue una hoja suelta que denunció la invasión norteamericana a la capital de Honduras y la responsabilidad que tenía en el hecho el Ministro plenipotenciario de los Estados Unidos, señor Franklin E. Morales, con la felonía que hiciera circular que algunos hondureños habían pedido la intervención.

Propiamente, el "Boletín de la Defensa Nacional" se publicó en ediciones de millares desde el 22 de marzo hasta el 25 de abril de

1924, fecha en que los infantes de marina abandonaron la capital para volver al Milwaukee, surto en el Golfo de Fonseca.

Años después, refiriéndose a la campaña patriótica librada desde el Boletín de la Defensa Nacional, el poeta Turcios expresó lo siguiente: "Fueron los días estelares de mi vida". Y ciertamente que por ello es digno de una estatua que en el futuro se la levantará la patria agradecida. Decimos en el futuro porque antes no será posible dadas la miopía, la cobardía, la traición y la corrupción reinantes.

Colaboradores constantes del Boletín de la Defensa Nacional fueron los escritores Alfonso Guillén Zelaya, Porfirio Hernández (que desde 1924 se trasladó a México y no volvió nunca más), Profesora Visitación Padilla, Antonio Gómez Romero, Matías Oviedo, Luis Suazo, Eusebio Fiallos, Adán Canales, Manuel Ramírez, Coronado García, Pedro J. Paiz, Federico C. Canales, Samuel Laínez, José Cabrera Reyes, Vidal Mejía, Saúl Zelaya Jiménez, Vicente Mejía Colindres. Sus artículos fueron valientes, reflexivos, encendidos en cólera, según el temperamento de los escritores.

Como las ediciones del Boletín debían pagarse en la imprenta, acudían los patriotas por centenares a entregar sus cuotas en la respectiva Tesorería. Jamás se vio mayor buena voluntad.

En la casa del poeta Turcios había un libro que recogía las protestas de los patriotas, que se contaban por millares, y otro libro en que firmaban los ciudadanos que engrosaban las filas del Partido Autonomista, que también crecía vertiginosamente.

El jefe del Partido Autonomista que se estaba formando en medio de combates diarios era Froylán Turcios.

Las organizaciones sociales y el Partido Liberal publicaron sus protestas contra los invasores yanquis. Posteriormente publicó la suya el Partido Unionista.

Una hoja suelta grande que contenía más de mil firmas circuló en aquellos días atacando al imperialismo, pidiendo la salida de los marinos yanquis y responsabilizando al Ministro plenipotenciario Franklin E. Morales de la catástrofe humana que pudiera suceder en el próximo futuro.

Las fuerzas liberales, dueñas de la plaza, que peleaban contra la revolución cariísta, empezaban a entender que la verdadera lucha se hallaba en la guerra de liberación nacional, y en tal sentido circulaba la propaganda entre los soldados y clases.

Como había desaparecido el Gobierno nacional a cargo del Consejo de Ministros, haciéndola de jefe civil don Chico Bueso, que se encargaba de imponer empréstitos a los comerciantes para pagar la tropa, y desempeñando la jefatura militar el general José María Fonseca, que se había impuesto a los demás generales, siendo indispensable un gobierno en aquel momento, los obreros, artesanos y gente del pueblo en general empezaron a ver en el Ayuntamiento el aparato político que se necesitaba, y en tal sentido, aseguran, que fue excitado el Alcalde Ferrari, quien se mostró anuente a la solicitud patriótica.

Las autoridades yanquis presintieron la guerra de liberación nacional que empezaba a tomar fuerza y calor, y antes que sucediera tan magno acontecimiento en Honduras, recogieron la bandera de las barras y las estrellas y despacharon a los marinos hacia el sur, hacia el Marblehead. Así evitaron algo que de haber sucedido tal vez nuestro país habría salido desde entonces de las facciones electoreras que llevan el nombre de partidos. El primer editorial del Boletín de la Defensa Nacional fue el siguiente:

ESTADOS UNIDOS NO TIENE NINGÚN
DERECHO PARA MEZCLARSE EN
NUESTROS ASUNTOS INTERNOS.

"Ningún centroamericano en que vibre la más insignificante emoción de patriotismo podrá reconocer jamás el menor derecho al Gobierno de los Estados Unidos para inmiscuirse en nuestros asuntos internos. Si, desventuradamente, vivimos con el dicterio en los labios o con el rifle al hombro, destrozándonos como fieros enemigos, con la saña de los gallos de pelea, esto sólo nos incumbe a nosotros y nada le importa de ello a ninguna nación extranjera. Que no se nos diga, cínicamente, que acuden en nuestro auxilio por piadosa humanidad, pues lo cierto es que tal ayuda es interesada, nacida de un instinto pirata. Y aun cuando no fuera así, sería ignominiosa para nuestro civismo y atentatoria contra nuestra soberanía. Somos nosotros, y solamente nosotros, los que debemos buscar el remedio a nuestros males de ambiente y de raza y no los extraños y los entrometidos".

Froylán Turcios.

El siguiente editorial del Boletín se expresa así:

EL IMPERIALISMO YANKI

"El imperialismo del Norte es un pulpo formidable, cuyos gigantescos tentáculos se alargan siniestramente sobre todos los países débiles. México lo ha detenido con su brazo heroico, acostumbrado a manejar con brío el rifle y el machete en los combates sangrientos en que no se da cuartel al invasor. México, llamado gráficamente el Centinela de la Raza, tierra generosa del valor legendario, en donde se castiga con la muerte toda traición a la soberanía, es la muralla inconmovible que ha rechazado al pulpo voraz.

El conquistador de pueblos, el destructor de libertades, tiene los ojos de Argos, y sus famélica zarpa se posa hoy en un punto, y mañana en un kilómetro cuadrado, y al otro día en toda la extensión de una comarca. Comienza por atrapar un dedo, sonriendo amistosamente; después la mano; y en seguida de improviso os echa la garra al cuello y os destroza sin piedad. Es multiforme, es un Proteo siniestro; y se aprovecha de todas las circunstancias, y de todos los errores de los pueblos que codicia. Juega con ellos, hipócritamente, como el gato con el ratón; les halaga, les da esperanzas dé libertad, les deslumbra con sus montañas de oro, y de pronto, de un golpe certero y terrible, les arranca las entrañas".

Froylán Turcios.

Hay un tercer editorial que dice así:

MOMENTOS QUE PESAN COMO SIGLOS

"Hay momentos que pesan como siglos en los corazones. Momentos colmados de cosas profundas y de ideas metálicas y eternas. Instantes de enorme intensidad en que parece que el espíritu se amplía, y se hace ligero y brillante y le nacen alas para ascender al infinito.

Es cuando la patria se halla en peligro cuando sentimos esas manifestaciones inmortales que nos elevan sobre las miserias y prejuicios, haciéndonos conocer que hay en nosotros, recóndita y vibrante, una fuerza maravillosa creadora de altos hechos, madre del sacrificio y del heroísmo.

Vemos volar el enjambre de los días mediocres con ojos indiferentes, pausados los latidos de nuestras arterias, normal el golpear del corazón, frías las ideas en la complicada máquina del cerebro. Inertes se hallan nuestras energías, inmóviles nuestros impulsos, en la somnolencia habitual del ritmo del tiempo que corre.

Pero un día vése amenazada nuestra tierra por un poder extraño, y la sangre circula por nuestras venas en hilos de fuego, y se encienden, como purpúreas estrellas, nuestros pensamientos, y surge de lo más ignoto del espíritu ese estímulo sublime que ha llenado de legendarias acciones la historia del mundo".

Froylán Turcios".

Un nuevo editorial dice:

LEVANTÉMONOS, EN UNÁNIME ÍMPETU,
EN DEFENSA DE HONDURAS

"Levantémonos, en poderoso y unánime ímpetu, hoy, que aún es tiempo, en defensa de Honduras.

Sigamos, si así lo quiere el adverso destino, en nuestras abominables luchas fratricidas, antes que acogernos, mansamente, vilmente, al amparo de un pabellón extraño. Prefiramos un millón de veces nuestro atraso, nuestra abulia, todo lo obscuro de nuestro porvenir, a perder, por un fementido progreso, el don supremo, el mayor y más inestimable de los dones, el divino don de la libertad ampliamente en plena patria luminosa y bella.

Prefiramos un millón de veces —permitid esta hipérbole a mi patriotismo— prefiramos los más brutales déspotas en el poder público de Honduras: los gobernantes más ladrones, y más estúpidos y más sanguinarios; los peores entre los peores de los hombres, siendo hondureños, es decir, hermanos nuestros, al sedoso e hipócrita Gobernador norteamericano, de mano blanca y fina y enguantada, altanero y sonriente y despectivo en lo alto del palacio de hierro, imperando sobre manadas de esclavos, sin honor y sin bandera... y ya sin esperanza, ni la más remota, de rehabilitación en mañana.

¡Antes que esto sucediera sería mejor que un súbito terremoto borrara del mapa, en un pavoroso segundo, la tierra de Centro América!

Compatriotas: una grave responsabilidad pesa sobre nosotros; meditad bien lo que hacéis. O autonomistas traidores; así quedaréis señalados para siempre. Escoged. Os lo demando por lo que hay de más sagrado en el corazón de los hombres; no dejéis sin patria a las generaciones del mañana. No expongáis, por falsos mirajes, a nuestra querida Honduras, a ser pasto de la rapacidad extranjera. Evitando así que caigan sobre vuestros nombres —como caen y caerán sobre los traidores nicaragüenses las tremendas maldiciones de la Historia".

Froylán Turcios.

Otro editorial expresa:

CENTROAMERICANOS

"Enderecemos hacia las máximas alturas nuestras más vibrantes energías de hombres libres; execrando a los pesimistas antipatriotas, que carecen de vergüenza cívica; y uniéndonos con los fuertes, con los constructores de voluntad, con los varones íntegros por el valor y por el carácter. No pongamos jamás el más pequeño grano de arena en la obra oprobiosa que intenta levantar en nuestra tierra el invasor. No cometamos la infamia de tender el cuello para que nos remache la cadena del esclavo.

Si la artera Conquista avanza ciegamente sobre nosotros con su prepotencia arrolladora, que nos halle de pie, altivos sobre el pedestal de nuestro derecho; y que pase como un huracán de fuego, sembrando para siempre la muerte sobre nuestros campos y ciudades, sin que nuestras manos se tiendan implorantes y sin que marque nuestra conciencia el sello de la ignominia por haber cedido, en ninguna forma, a las dádivas malditas del invasor y haber pactado sobre la eterna ruina moral de nuestra Patria".

Froylán Turcios.

Froylán Turcios cedió su columna de director al poeta Alfonso Guillén para que publicara el siguiente editorial:

HAGAMOS CONCIENCIA NACIONAL

"Cuando los marinos norteamericanos desembarcaron en Santo Domingo, se hallaba aquella República bajo una sucesión de guerras civiles que cambiaban continuamente de caudillo. Comparado con aquello lo que aquí ocurre ofrece toda la gratitud de una paz conventual. Pero así y todo, en el centro de un torbellino de pasiones y de metralla, los dominicanos supieron ser dominicanos, y ante la ofensa común los encontró el invasor asumiendo la actitud viril de los patriotas enteros".

En el momento del desembarco, un joven dominicano, una noble vida de veinte años, llegaba hasta los soldados extranjeros.

—¿Quién es el jefe de esta fuerza? —interrogó con tranquilidad insospechable.

—Es aquél —le respondieron.

Fue hacia él sin vacilar, y le saludó con dos balas en el cráneo.

Marchaba ileso bajo la lluvia de balas. De pronto, ya para perderse en una calleja vecina, hizo el último disparo, y volviéndose hacia la soldadesca usurpadora que le perseguía enfurecida, gritó sonriendo:

—Tiráis muy mal. No mataréis a la patria.

Aquel joven constituye un símbolo, y a su vez una síntesis de la conciencia nacional dominicana, a excepción de la de México, la más vigorosa y heroica con que se enorgullece nuestra América de habla española.

No quiero yo, no deseo, que mis compatriotas imiten este ejemplo para castigar la violación de nuestro derecho. De ninguna manera. El crimen no se corrige con el crimen. Y además, los soldados estadounidenses que se encuentran en esta capital, son absolutamente irresponsables de la desgracia que nos avergüenza. Lo son también los ciudadanos norteamericanos que viven en esta ciudad. La responsabilidad corresponde a un acto de festinación del señor Morales, que su amor propio, nocivo amor propio, le impide rectificar. Es indudable que no ha habido en esto dañada intención de su parte, sino festinación, pura festinación, y quizá. .. miedo, un poquillo de infundado miedo.

Lo que sí reclamo es que en esa ferocidad de que hacemos alarde para asesinarnos los unos a los otros, que ese despilfarro de valor con que glorificamos la serranía, se concrete en factor útil en energía creadora para exaltar los ideales y provocar la fraternidad de los hondureños.

Pudor, rudimentario pudor siquiera, es lo que necesitamos nosotros para reducir esa homogeneidad de aspiraciones, esa vinculación de intereses, esa necesidad de orden y elevación de miras que cambian los pueblos débiles en respetables y respetuosos.

Es así como se construye la conciencia de una Nación. Así, a base de respeto a la propiedad y a la vida, a base en síntesis, de fuerza moral; pero nunca en la montonera sangrienta de hermanos contra hermanos.

Promuévase, pues, entre nosotros mismos, sin mediaciones extrañas ni dilación alguna, la manera de poner término a esta mutua degollina. Que a falta de derecho no encuentre el señor Morales pretexto siquiera para excusar su agravio a la integridad de Honduras.

La patria está sobre todo. Y frente al peligro común, solo cabe la unidad de los hondureños".

Alfonso Guillén Zelaya.

No se cansen los lectores, que todo esto es puro "oro del Guayape", "puras perlas del Golfo de Nicoya". Nunca en la historia de Honduras se había dejado oír un discurso tan libre como el del "Boletín de la Defensa Nacional" de los meses de marzo y abril de 1924.

PALABRAS DE FROYLÁN TURCIOS EN LA SEGUNDA SESIÓN DE LA JUNTA PATRIÓTICA, PRONUNCIADAS EL 5 DE DICIEMBRE DE 1923
(Fragmentos)

"Hace más de un año —al ver levantarse sobre nuestra patria la terrible amenaza de la intervención— me he dedicado, en cuerpo y alma, a trabajar contra ella en mi revista Hispano—América, procurando, por todos los medios a mi alcance, iluminar la conciencia nacional.

Los Estados Unidos no tienen ningún derecho para intervenir en nuestros asuntos; pero se arrogan ese derecho por la fuerza, y, desgraciadamente, nada efectivo y práctico puede, en casos como éste, hacer el débil, frente al poderoso.

Con la nota amenazante de la Secretaría de Estado de aquella nación, que todos vosotros conocéis, el peligro es seguro e inminente.

Seamos patriotas, no en las palabras, sino en los hechos. Seamos abnegados, no en las columnas de los diarios políticos, sino en nuestra conducta pública. Levantemos el alma sobre los rastreros prejuicios y sobre la vanidad, el amor propio y los intereses personales. Nuestra Patria es nuestra madre: pongámosla siempre sobre todo falso orgullo y sobre toda ambición particular, que, en este caso, sería criminal.

En la altísima idea de Patria y de Autonomía no hay relatividad, todo es absoluto. Yo quisiera que ante aquella tremenda amenaza, todos juráramos, solemnemente, no contribuir a la muerte de nuestra autonomía: teniendo, a
cada minuto presente, no olvidando nunca, que cualquiera situación, por anormal, por injusta que fuera, surgida de esta crisis, sería transitoria; y permanente, eterna para nuestro baldón eterno, la humillante conquista.

Por todas partes oigo decir a los extranjeros residentes en esta capital, que en Honduras no hay patriotismo —que las masas son movidas por el capricho—; que en nuestros hombres representativos sólo prevalecen el amor propio y la ambición personal. Demostremos que están equivocados".

Froylán Turcios continuó en sus editoriales haciendo llamamientos a los montoneros liberales y nacionalistas para que dejaran la tontería de matarse en una guerra estúpida, para unir esfuerzos y en legión común arrojar a los yanquis del territorio nacional.

Asimismo, descargó fuertes latigazos sobre los traidores emboscados y los indiferentes.

Desde luego, conviene decir que Tegucigalpa se había vuelto un hervidero de odios, vociferaciones y amenazas contra los yanquis. Los mismos yanquis veían el lugar inconveniente en que los habían situado sus comandantes.

Al fin desocuparon la ciudad de Tegucigalpa, y el Boletín de la Defensa Nacional suspendió su publicación el 25 de abril.

Repetimos que en la historia de Honduras nunca se había visto una publicación semejante por su patriotismo y por su acento parecido con el estampido de un cañón.

REVISTA ARIEL

Si la revista Esfinge fue la expresión estética más elevada de Froylán Turcios, la Revista Ariel fue el clarín del patriotismo con que el poeta Turcios despertó la vigilancia de los pueblos indohispanos y los invitó a luchar contra los "bárbaros del Norte", como decía José María Vargas Vila.

En efecto, la acción Patriótica de la Revista Ariel fue única en su tiempo. No hubo publicación en Centro América ni en el Continente que se le igualara en valentía y en acometividad ante el enemigo de la secular Doctrina de Monroe.

La Revista Ariel fue la continuación de la revista Hispano—América que apareció para denunciar el crimen norteamericano. de haber frustrado con su poder la unión de Centro América intentada en 1921 y, también, para denunciar los Pactos de Washington de 1923, que prácticamente hundieron a las pequeñas naciones centroamericanas en la dependencia, la supeditación y el coloniaje.

Los Pactos de Washington, consentidos por gobiernos lacayos y firmados por delegados lacayos, duraron el tiempo para el cual los había destinado el imperialismo yanqui. El tiempo que necesitan los animales chúcaros para acostumbrarse al mecate y amansarse. De allí en adelante, ya no hubo necesidad de ellos.

¿Por qué? Porque los Estados Unidos que habían quedado más ricos después de la primera guerra mundial, necesitaban amplios campos de inversión, a su entero sabor y gusto, sin los estorbos de Repúblicas Federales como la de Centro América y al contrario, sujetas las naciones federalistas al bozal de los pactos washingtonianos.

La Revista Hispano—América tuvo (y sigue teniendo) el valor de un documento histórico. Preparó los ánimos hondureños para la acción patriótica que iba a reflejar en sus páginas el Boletín de la Defensa Nacional cuando entraron marchando los marinos yankys a Tegucigalpa el 19 de marzo de 1924.

Froylán Turcios inició la publicación de la Revista Ariel el 15 de marzo de 1925. El editorial, brevísimo, se tituló SÍNTESIS DE NUESTRO PROGRAMA:

I. Cristalizar nuestra labor, amplia y permanente, de belleza, de Verdad y de Cultura.

II. Hacer en nuestra patria obra de civismo y confraternidad, difundiendo el verdadero concepto de soberanía, el buen gusto literario, el amor por las Ciencias y las Artes.

III. Honrar, levantar el nombre de Honduras en el Exterior, haciéndola conocer en sus más brillantes aspectos.

IV. Cooperar activamente en la reconstrucción nacional.

En los primeros números acompañó a Turcios como director de la revista el joven abogado y escritor Arturo Martínez Galindo, quien pasó a dirigir el semanario Renovación, vocero del Grupo Renovación, en que se hallaban jóvenes del kilataje de Federico Peck Fernández, líder de los estudiantes universitarios, y otros que se le parecían.

Adelantamos que la Revista Ariel fue muerta por maniobra obscura del Ministro plenipotenciario norteamericano George T. Summerlin y obediencia lacayuna del Presidente Paz Baraona, quien mandó cerrar la imprenta en que se imprimía la revista, y los esbirros que cumplieron la orden agregaron de su ingenio el empastelamiento de las cajas tipográficas. Este hecho sucedió en los últimos días de julio de 1928..

Conviene aclarar.

De 1925 a 1926, el objetivo fundamental de la Revista Ariel fue combatir el empréstito hasta por veinte millones que gestionaba el Gobierno en un círculo financiero de los Estados Unidos.

De 1927 a 1928, se dedicó a levantar, a generalizar, a continentalizar, a mundializar la lucha de los patriotas nicaragüenses que encabezaba Augusto César Sandino contra los invasores yankis que con el pretexto de pacificar Nicaragua, ocuparon el país.

Pero al empezar, la Revista Ariel abrió una encuesta sobre las revoluciones (revueltas) de Honduras, concebida en los siguientes puntos:

I.   Verdaderas causas de nuestras revoluciones.

II.   ¿Responden nuestras revoluciones a una necesidad social?

III.   ¿Qué influencia han tenido en el desarrollo de nuestro Derecho Público?

IV.   ¿Cuáles son los medios para hacerlas desaparecer?

Tal encuesta fue dirigida a todas las personas que gustan de esta clase de estudios y, muy particularmente, a los doctores Mariano Vásquez, Alberto Uclés, Policarpo Bonilla, Fausto Dávila, Miguel R. Dávila, Francisco Bertrand, Francisco Bográn, Miguel Paz Baraona, Tiburcio Carías Andino, Juan Ángel Arias, Presentación Quesada, Ángel Ugarte, Vicente Mejía Colindres, Marcos López Ponce, Paulino Valladares, Celeo Dávila, Leandro Valladares, Esteban Guardiola, Néstor Colindres Zúñiga, Salvador Córdoba, Juan Manuel Gálvez, Héctor Valenzuela, Federico A. Smith, Alberto Zúñiga, José Blas Henríquez, Silverio Laínez, Pedro A. Medal, Eduardo Martínez López, Alberto A. Rodríguez, Ángel Zúñiga Huete, Saturnino Medal, Dionisio Gutiérrez, Jacinto A. Meza, Francisco Paredes F., Julián López Pineda, Coronado García, Ernesto Argueta, Ricardo Alduvín, Salvador Aguirre, Salvador Zelaya, Salatiel Rosales, Antonio C. Rivera, Ramón Alcerro Castro, Luis Andrés Zúñiga, Venancio Callejas, Samuel Laínez, y a los señores Alfonso Guillén Zelaya, Augusto Constantino Coello, Rafael Heliodoro Valle, Eusebio Fiallos V. Vidal Mejía, Salomón Buesr general Calixto Marín y a las Asociaciones de la Prensa y Estudiantes de Derecho.

La encuesta tenía razón porque Honduras acababa de Pasar por una de las montoneras más sangrientas, la de 1924, que ha registrado en sus anales. Muchos de los citados fueron autores o partícipes de montoneras, y guardaron silencio; entre los demás, contestaron algunos, exponiendo argumentos superficiales. No hubo quien dijera la verdad: que las montoneras hondureñas (o guerras civiles, como se les llamaba para embellecerlas) eran engendradas y patrocinadas por el capital financiero de los Estados Unidos, por el imperialismo, por medio de los concesionarios bananeros, quienes a su vez provocaban los bochinches, valiéndose de los machetones (que les llamaban coroneles y generales). Estos conducían la matanza entre hondureños, tomaban el Poder, y ya se sabía que éste, manejado por títeres hondureños, era impulsado o frenado por agentes yanquis que, se les vela a plena luz del día por desvergonzados, o se mantenían en la sombra por indicaciones de sus jefes.

LA REVISTA ARIEL CONDENA
A LOS INVASORES NORTEAMERICANOS
DE NICARAGUA

La revista patriótica Hispano—América (1922—1923) y el Boletín de la Defensa Nacional (1924), sin apartar la vista del objetivo hondureño del momento, siempre denunciaron y condenaron con la energía y la valentía que caracterizaba a Froylán Turcios la política intervencionista de los Estados Unidos en Nicaragua, seguida de frecuentes invasiones de los marinos yankis al territorio nicaragüense.

Fue constante la denuncia de los traidores de Nicaragua que le vendieron a los Estados Unidos la zona canalera interoceánica por las treinta monedas de Judas. Los nombres de Emiliano Chamorro, Adolfo Díaz y Carlos Cuadra Pasos fueron marcados con fuego infernal en aquellas páginas imperecederas.

Los escritores antiimperialistas más notables del continente latinoamericano como Alfredo L. Palacios, Manuel Ugarte, José Vasconcelos, Julio Mella y otros que harían larga la lista, denunciaban en las revistas de Froylán Turcios los atropellos del imperialismo norteamericano en la zona del Nuevo Mundo.

Por ese tiempo habían sido invadidos por las tropas yanquis Santo Domingo, Haití, Puerto Rico, Panamá, Cuba y Nicaragua. Se cumplía la segunda interpretación de la Doctrina de Monroe, que "América era para los Estados Unidos".

Como la propaganda anti—imperialista continental iba arreciando, el Gobierno de la Casa Blanca se vio obligado a dejar Nicaragua para ingeniarse después otro método de dominación.

Así fue que la Revista Ariel del 15 de agosto de 1925, insertó la siguiente noticia:

MÉXICO EN FAVOR DE LA LIBERTAD DE
NICARAGUA

"Ciudad de México, julio 15. Oficialmente se ha confirmado la noticia de la intervención amistosa que ha tenido México con respecto a las dificultades de carácter político entre Nicaragua y Estados Unidos.

Desde hace varios meses nuestro Gobierno aceptó esa misión conciliadora y ha estado trabajando en forma particular para conseguir que Nicaragua recupere su absoluta autonomía. El Gobierno de los Estados Unidos se ha mostrado muy complaciente con las gestiones hechas por nuestro Gobierno, pudiéndose decir que, la Administración del Presidente Coolidge ha aceptado las solicitudes de México en favor del Gobierno de Nicaragua.

Merced a las gestiones de México, Nicaragua está ya libre definitivamente de la presión económica que se ejercía sobre su banco de emisión. Asimismo sus ferrocarriles le han sido totalmente entregados.

Ahora únicamente falta la desocupación de sus puertos por los marinos norteamericanos.

Se espera que terminado este último suceso, Nicaragua obtendrá su completa soberanía de pueblo libre".

SALIDA DE LOS MARINOS
NORTEAMERICANOS DE NICARAGUA

"León, 4 de agosto. Asunto del día en todo el país es el retiro de la guardia norteamericana. Hoy partió de Corinto en el vapor Henderson. Es un hecho viene como reintegración de la Soberanía Nacional y se ha celebrado fastuosamente en toda Nicaragua. Marinos pasaron por esta metrópoli a escape. Más de cuatro mil personas había en la estación, pero hubo el mayor civismo y corrección en el pueblo. Bandera nacional fue izada por el Presidente Solórzano y el Ministro de Gobernación en persona, en el asta donde estaba la de las barras y las estrellas. Señor Presidente dispuso hacer acuerdo declarando Día Nacional el 3. Alcaldes de León y Chinandega declararon Día Cívico Municipal el 3, en que pasaron por acá los marinos. Alcalde de León hizo grandes festejos en esta población. Reina alegría popular desde ayer. EL CENTROAMERICANO".

BREVE COMENTARIO DE LA REVISTA ARIEL

"Gran día de fiesta mayor que todos exceptuando el 15 de septiembre— debiera ser para los centroamericanos el 3 de agosto de 1925.

¡Qué palabras tan gratas para nuestro corazón de patriotas: Bandera Nacional fue izada por el Presidente Solórzano en el asta donde estaba la de las barras y las estrellas!

...Sin embargo, nuestra experiencia amarga nos hace desconfiar. .. Tenemos aún alguna obscura acechanza, alguna variación en la forma de atropello de la soberanía del país hermano; alguna nueva súplica infamante de parte de los malos nicaragüenses nostálgicos del yugo oprobioso. .. Algo sombrío puede surgir de la Constabularia...

Esperemos, esperemos, y hagamos sinceros votos porque la cordura y el profundo amor a la tierra nativa inspiren los actos de los nicaragüenses en el porvenir, dominando las posturas malsanas; evitando así una nueva intromisión del extranjero en sus asuntos interiores.

Entre tanto, felicitémonos todos los que amamos intensamente a la Patria Grande y deseamos verla floreciente, libre y soberana".

EL LOMAZO

La comprensión que tenía Froylán Turcios del movimiento político centroamericano, era profundo. No en vano había sido alto funcionario cerca de veinte años en esta República. Por eso, cuando los marinos yanquis desocuparon Nicaragua, sospechó que se trataba de una maniobra para engañar tontos, porque existiendo el dominio contratado de Chamorro con Mr. Bryan, jefe del Departamento de Estado en el Gobierno de Wilson, los Estados Unidos no iban a dejar su protectorado nicaragüense por puro antojo.

En efecto, con meses de diferencia de haber abandonado el país las tropas de los Estados Unidos, el general Emiliano Chamorro dio el lomazo, palabra que con la de cuartelazo, de origen puramente centroamericano, llegaban sin esperarlas, a enriquecer el idioma, en concepto del doctor Mariano Vásquez, quien decía además que las grandes cosas convenía hacerlas bromas y las pequeñas tomarlas en serio.

Chamorro, asistido de sus compinches, tomó el arsenal de la Loma de Tiscapa, que era tomar la parte fundamental del Estado nicaragüense, pero dejó en la Presidencia de la República, por el tiempo que quiso, al liberal Carlos Solórzano. El lomazo produjo el desorden, la guerra civil, y si los marinos yanquis salieron del país en 1925, volvieron a él inmediatamente después de haber sido tomada la Loma de Tiscapa.

Adolfo Díaz, personaje de la política nicaragüense por su incondicionalidad con los gringos y su apego a la política conservadora de Chamorro, en sus primeros años había sido un ignorado tenedor de libros de una casa comercial de Bluefields. Este pichingo nacido y hecho para la traición tuvo necesidad de los marinos para sostenerse en la presidencia dos años. Pero arreció la revolución liberal conducida por José María Moncada, de acuerdo con Mr. Stimson. Celebraron el Convenio del Espino Negro. La revolución terminaba, Moncada llegaría a la presidencia, todos los jefes revolucionarios depondrían las armas y los marinos quedarían por un tiempo más, hasta que el país quedara en completa calma.

Toda esta trayectoria histórica la siguió la Revista Ariel en sus páginas, luchando porque los marinos se fueran de Nicaragua; porque los traidores fueran castigados cumplidamente, y porque se les diera todo el apoyo que necesitaran a los jefes que se negaban a entregar las armas para quedar a merced de la brutalidad extranjera.

La Revista Ariel en consecuencia, antiimperialista mil por mil, hizo acto de presencia en favor de Nicaragua y de los nicaragüenses desde que comenzaron los funestos acontecimientos, heredando las campañas autonomistas del Boletín de la Defensa Nacional y de la Revista Hispano—América y reflejando el pensamiento solar de los antiimperialista de primera magnitud del Continente.

Debe constar esto en honor a la gloria bien merecida de Froylán Turcios.

REVISTA ARIEL Y LOS EMPRÉSTITOS IMPERIALISTAS

El odio para los empréstitos extranjeros en Centro América es popular, y en Honduras afecta a toda la Nación. Lógico es que así sea. Recién lograda la independencia de España y de México, los agentes de las casas bancarias de Londres, en sorprendente número, se dieron cita en Guatemala, capital de la República federal, para proponer sus préstamos en libras esterlinas, con variadas condiciones favorables, según ellos. Todos, naturalmente, pedían garantizarse sus préstamos con la posibilidad de adueñarse de la zona canalera interoceánica.

La Casa Barclay Hearring and Company, fue la dichosa, al lograr que el Estado le tomara un préstamo de 5 millones de libras esterlinas, que el Gobierno emplearía en el desarrollo económico del país y que el Presidente Arce gastó en elevar los sueldos de los altos funcionarios, en comprar armas y en mejorar los castillos ubicados en las costas del Mar Caribe. Cuando se rompió la Federación en 1838, los cinco países resultantes se repartieron proporcionalmente la deuda londinense, y la fueron pagando con grandes dificultades, tocándole a Costa Rica ser la primera en salir de ella.

Aparte de lo expresado, la influencia de las libras esterlinas prestadas en la política externa e interna de los países centroamericanas fue grande, determinando usurpación de territorios como Belice, Islas de la Bahía y la Mosquitia hondureña y nicaragüense; invasiones como las de la Costa Norte y la de Amapala en el Golfo de Fonseca; y cambios de Gobierno para favorecer los intereses británicos.

Honduras no había empezado a pagar la parte que le correspondía de la deuda federal, cuando al gobernante José María Medina se le ocurrió insistir en la idea de León Alvarado que había mantenido en los gobiernos de Trinidad Cabañas y Santos Guardiola sobre la construcción del ferrocarril interoceánico que partiendo de Puerto Cortés llegara a la orilla del Golfo de Fonseca. Pero para construir el ferrocarril se necesitaba mucho dinero, y el gobierno medinista fue por medio de sus agentes, honestos unos, malvados otros, a solicitarlo al centro financiero fundamental de aquel tiempo,

Londres. Para acortar el relato, que ya lo ha detallado con capacidad y agudeza el doctor Alfredo León Gómez recientemente (1978) la casa bancaria Bischoffsheim and Goldschmidt de la City se encargó de vender los bonos del ferrocarril y recoger el dinero para entregarlo a los agentes extranjeros y nacionales de Medina. Mientras se construía el ferrocarril, los bonos se pagarían con madera preciosa cortada en la costa atlántica de Honduras y transportada a Inglaterra, donde había necesidad de ella por la fiebre industrial en que se hallaba el gran país. Fueron contratados los empréstitos de 1867 y 1870 en Londres, seguidos del intento de contratar otro en Francia, en años postreros, que fracasó. En resumen, de aquella contratación quedó un tramo de ferrocarril de Puerto Cortés a San Pedro Sula, con una locomotora que llevaba el nombre de "Medina".

Después de las marrullerías financieras de la Casa Bischoffsheim and Goldschmidt Company, de las picardías de los agentes extranjeros en la Bolsa de Valores ligados a la Casa de los contratos, de las rapiñas de los agentes hondureños situados en Londres y París, y de un tramo de ferrocarril en la República tan corto como endeble, aparte de la lista civil que apareció en Comayagua y Tegucigalpa, base de libras esterlinas, en la que se registraban, para dejar los más y anotar los menos, el señor obispo de la diócesis, Monseñor Zepeda con 25 y unas "señoritas" que hornaban pan y rosquetes en esta ciudad, con 10.

Sumada la deuda federal con la deuda del ferrocarril que había empezado Medina, de los millones iniciales, con el principal y los réditos como en 56 años hasta 1926, ascendía como a treinta millones de libras esterlinas, o sea ciento cincuenta millones de dólares, o sea trescientos millones de pesos, moneda nacional. Entonces no conocíamos el lempira.

Esta deuda monstruosa mantenía horrorizado al pueblo hondureño. Sentía una mala voluntad incalificable para los autores de aquella infundada operación. Medina era un bandido. Gutiérrez, el Enviado Extraordinario de Honduras, en Inglaterra, un bandido. Víctor Herrán, con igual cargo en Francia, un bandido. León Alvarado, persona honorable, supervisor de los empréstitos en calidad de representante del Gobierno de Honduras en Londres, no se escapaba.

El pueblo hondureño odiaba los empréstitos porque tenía encima el peso brutal de la DEUDA INGLESA.

Ese sentimiento lo explotó el poeta Froylán Turcios en la Revista Ariel cuando el gobierno de Miguel Paz Baraona, pensando en darle dinero a las Juntas de Reconocimiento de Pérdidas ocasionadas por la montonera de 1924, que iría a fortalecer las arcas de la burguesía comercial y prestamista y de los terratenientes nacionales y extranjeros, trató de obtener un empréstito en los bancos de Nueva York hasta por la cantidad de veinte millones de dólares, que después redujo a siete y por último quedó en nada.

Para no cansar y fastidiar a los lectores, solo haremos reproducción de un editorial de la revista Ariel, titulado:

UNA VOZ EL 15 DE SEPTIEMBRE DE 1925

"Hoy — en el aniversario inmortal de nuestra vida de pueblos libres— juramos a nuestros compatriotas, con la diestra sobre el pabellón sagrado que nos legaron nuestros próceres, que en las campañas trascendentes de la Revista Ariel sólo nos impulsa el más imperativo deber y el cariño profundo por la pródiga tierra que nos dio el pensamiento y el espíritu, no como vanos atributos de la materia, sino como dones excelsos para hacerlos brillar y florecer en las alturas del patriotismo y del honor.

Ningún móvil mezquino, ningún interés personal, ningún ímpetu bajo guía nuestra pluma. Fuera del círculo ardiente de los viejos partidos, al margen de los lamentables acontecimientos de los últimos seis años; y, sobre todo, libre de todo ruin prejuicio, alzamos nuestra voz de fraternidad y paz, ajenos a todo propósito que no sea el de la felicidad de nuestra patria.

En nuestra ecuánime actitud de independencia no debe nunca verse oposición sistemática contra el actual Gobierno. Hemos levantado una tribuna no para dividir, no para vituperar, no para criticar, sino para UNIR; para juntar en un solo abrazo a todos los hondureños. Nuestra intensa labor es de reconstrucción, de cultura y de paz, pero ésta basa en la dignidad, resultante de nuestras serenas rectificaciones: y jamás —óigase bien— de la paz impuesta por las bayonetas de un poder extranjero. No abrigamos odio contra nadie y quisiéramos servir en algo a cada uno de nuestros conciudadanos, estrechando cordialmente nuestras almas en un esfuerzo espontáneo por la salvación de Honduras.

Somos apasionados, pero con la pasión más grande que puede mover a los más nobles espíritus; con la pasión divina que ennoblece los actos y purifica las ideas; con la sublime pasión del patriotismo, fecunda, luminosa y sobrehumana.

Y esa pasión ha puesto en nuestras manos una bandera que nada tiene en común con los ridículos estandartes de las facciones políticas; más alta que la bandera de la Unión Nacional —y es el pabellón de la Soberanía de la República.

Por este supremo símbolo, que encarna, de manera absoluta, nuestros máximos valores morales, nuestro presente y nuestro futuro; por elevarlo sobre todas las cumbres y no verlo jamás humillado nos sentimos capaces de arrastrar los mayores peligros, y de ofrendar, no una vida sino cien vidas que tuviéramos.

De aquí que veamos con horror ese siniestro fantasma del empréstito extranjero que, de realizarse, acabaría para siempre con nuestra Independencia.

Somos enemigos acérrimos de los empréstitos en cualquier forma en que se hagan; pero más, mucho más, si para obtenerlos, tengamos que entregar las aduanas a un poder extranjero. El día en que esto suceda todos los hondureños honrados debemos vestirnos de luto porque habrá muerto la Honduras libre y soberana que fuera nuestro orgullo.

Con los doce millones a que ha alcanzado nuestra renta pública, y con las innúmeras riquezas que atesora nuestro suelo tenemos elementos sobrados para levantar nuestro crédito y reconstruir nuestra hacienda. Ese empréstito funesto no constituye una imprescindible necesidad; pero aunque lo necesitáramos con urgencia debemos rechazarlo con todas nuestras fuerzas porque atenta contra nuestra autonomía. ¿Y no es lógico que, en un asunto de una gravedad tan honda que resume los más graves peligros para nuestra patria, se recurra a un plebiscito, que se consulte a todos los hondureños? Las glorias y las responsabilidades en los destinos de

Honduras deberán corresponder a todos sus hijos. ¿Por qué no se hace ésto? La Patria es de todos los que en ella nacimos y todos tenemos perfecto derecho de participar en sus problemas más trascendentales.

Mil voces se levantarán contra nuestras palabras, con razones más o menos especiosas, citándonos a otros países contratantes de empréstitos (sin recordar que poseen mayores facilidades que nosotros para atender a sus compromisos) dándonos las mil razones de la sinrazón, tachándonos de alarmistas, de exagerados.

Nosotros les responderemos siempre, hoy y mañana, en el presente y en el futuro, en la vida, y con lo que dejamos escrito más allá de la tumba:

—Ese empréstito para pagar a los mismos hondureños y para otras cosas que no tenemos ni siquiera urgente necesidad —y aunque la tuviéramos nada sumaría en este caso— NO DEBE HACERSE por ningún motivo porque es el abismo tenebroso en que se hundirá nuestra Soberanía.

Y la paz que con ese empréstito se obtendrá será la paz odiosa de Varsovia, la paz impuesta por las bayonetas extranjeras.

Que se levanten mil, voces de nuestros hermanos fatalmente deslumbrados por un espejismo siniestro, por el espejismo de la muerte de nuestras libertades. Que levanten montañas de razonamientos momentáneos, hijos de las efímeras palpitaciones del instante, contra nuestras palabras dolorosas. Sólo les pedimos creer en nuestra sinceridad, que probaremos, si llega el caso, en cualquier trance definitivo.

Por lo demás, sin saña, sin rencores de ningún género, únicamente con la íntima amargura del que está en poscsión de la verdad —y esta verdad entraña el destino de nuestra patria— del que está en posesión de la verdad y no es oído en el momento supremo; al borde resbaladizo del abismo en que se despeñarán nuestras libertades, nosotros les gritamos a nuestros compatriotas que colaboran en nuestro suicidio colectivo con ese malhadado empréstito; les gritamos en esta fecha imperecedera —en este 15 de septiembre de 1925— y que nuestra voz sea recordada por las generaciones que vienen:

Los emplazamos para el porvenir. Cuando ya sea tarde, el tiempo dirá quienes estaban en lo justo.

Froylán Turcios.

Turcios llamó a lo largo de su campaña al préstamo financiero que deseaba el Gobierno, EMPRÉSTITO DE LA MUERTE.

Invitó a combatirlo a las personalidades más calificadas del país, y por supuesto al pueblo en general agrupado en organizaciones obreras, en la prensa, en las asociaciones juveniles y de estudiantes.

Hubo una movilización enorme contra el EMPRÉSTITO, DE LA MUERTE en el país.

El señor J.R. Jarquín, economista seguramente, publicó en la Revista Ariel "un Plan para conjurar la crisis financiera de Honduras" sin necesidad de recurrir a los empréstitos extranjeros.

La Revista Ariel demostró en un estudio editorial cómo iría creciendo la deuda con los años, hasta convertirse en un gigante imposible de ser pagada, en la forma que el Gobierno solicitaba el empréstito, y los banqueros neoyorkinos se lo ofrecían.

En otro editorial se abordó el tema de "El arreglo de la Deuda Inglesa" por medio de los bancos de Nueva York, como una nueva operación que maniataba más a la República de Honduras.

A la vez la propia Revista propuso "Un plan para solucionar la grave situación económica porque atraviesa el país".

Inmediatamente después publicó un editorial titulado EL IMPERIALISMO DEL DOLAR ES DENUNCIADO VIGOROSAMENTE, o sea el texto íntegro de un discurso del Senador La Follete publicado en el Boston Post el viernes 31 de octubre de 1924, traducido para la Revista Ariel por Arturo Martínez Galindo.

De veinte millones de dólares el Proyecto del Poder Ejecutivo bajó a siete millones, y que aprobó la comisión del Congreso Nacional compuesta por los señores Plutarco Muñoz P., Paulino Valladares, Donato Díaz Medina y Salvador R. Orellana.

El abogado José Blas Henríquez escribió un artículo titulado EL EMPRÉSTITO Y EL ART. 14 DE LA CONSTITUCIÓN POLÍTICA, viendo la contratación desde el ángulo de las Leyes.

El ex—Presidente de la República, doctor Francisco Bertrand, escribió al poeta Turcios desde Nueva Orleans una larga carta refiriéndose a los temas del empréstito, las "revoluciones", la cuestión de límites y el gobierno nacional, dando en cada punto pareceres de verdadero estadista.

Turcios leyó una conferencia titulada SOBERANÍA NACIONAL, a solicitud del Grupo Renovación, en el salón de la Universidad Nacional, el domingo 5 de abril de 1926. Fue un acontecimiento.

El periodista Matías Oviedo desde Guatemala manifiesta estar de acuerdo con la campaña contra el EMPRÉSTITO DE LA MUERTE.

El ciudadano Inocente Luna estudia y condena el empréstito que piensa contratar el gobierno de Paz Baraona.

El Congreso Nacional da a conocer las bases del empréstito contenido en el Decreto No. 101, firmado por Venancio Callejas como Presidente del Congreso, y por Gustavo A. Castañeda y José María Albir como secretarios. Hubo una explosión de indignación general en la República. El joven universitario Federico Peck Fernández publicó un artículo titulado SE QUITÓ LA MASCARA. Se refiere a que Honduras al fin ha decidido echarse en brazos del Tío Sam. La REVISTA ARIEL arreció la campaña contra el EMPRÉSTITO DE LA MUERTE.

La "Liga antiimperialista de las Américas" con sede en México, felicita a Froylán Turcios por su campaña enérgica contra la exportación de capitales del imperialismo, y particularmente contra el empréstito hondureño que está contratando el Gobierno de Paz Baraona para esclavizar a Honduras. Firma la nota del 15 de julio de 1926, el Secretario General de la Liga Julio A. Mella.

Cuatro días antes de morir, el doctor Policarpo Bonilla, le remitió una carta (7 de septiembre de 1926) a Froylán Turcios, diciéndole:

"Estimado Froylán: Bien comprendo las enormes dificultades que Ud encuentra para desarrollar la patriótica tarea que se ha impuesto y que yo mismo he experimentado cuando en igualdad de circunstancias, he desarrollado una semejante hasta la absoluta indiferencia y hasta la hostilidad de algunos de mis compatriotas. Pero como empresas de esa naturaleza no deben tener por premio el aplauso público sino tan sólo la satisfacción del deber cumplido, creo que Ud. no desmayará.

Estoy habituado a que los hondureños que me adversan en política interpreten torcidamente todos mis actos; de modo que no extraño que mi silencio ante el problema del empréstito lo hayan aparentemente interpretado ciertos elementos como una condenación de la labor de Ud. Y mi silencio tan sólo obedece a la convicción que tengo de que en las circunstancias actuales ese negocio no podrá ser llevado a cabo; y a la consideración de que como muchas veces ha sucedido, mis adversarios tan sólo por hacer lo contrario de lo que yo opino, se pueden encaprichar en llevar a cabo un negocio ruinoso para el país.

Si los conocidos compatriotas del exterior le dicen que el hecho de no haberle enviado una voz de estímulo implica la aprobación del empréstito, fingen olvidar mi actuación en este país en 1911, cuando el Departamento de Estado estaba empeñado en colocar empréstitos en Honduras y Nicaragua y que mi labor contribuyó para que el Senado Americano no aprobara el Convenio celebrado con el primero de dichos países y para que el Convenio de Nicaragua no fuera discutido.

Esperando que se conserve bien y prosiga con éxito sus labores, quedo de Ud. como siempre su afmo. amigo,

P. BONILLA".

Finalmente, el 30 de diciembre de 1926, la Revista Ariel publicó el siguiente editorial:

"EL EMPRÉSTITO DE LA MUERTE NO SE HARÄ"

"Parece que la mortal amenaza del empréstito se atenúa día por día y un soplo de optimismo alienta en los espíritus patriotas.

Hay una providencia para los pueblos desgraciados y ella empieza a manifestarse en los destinos de Honduras.

Si nuestra patria se salva de este tremendo peligro será señal segura de que llegará a la meta de su amplio desarrollo como nación independiente.

Y esta crisis en que su autonomía estuvo expuesta a un naufragio casi seguro servirá a nuestros hombres del mañana —con la angustiosa experiencia de los pueblos esclavos— para no incurrir en el gravísimo error de exponer la soberanía nacional por el legendario plato de lentejas.

Toda obra de progreso que tenga por base el progreso yanki, sobre todo en la extrema situación económica porque atraviesa nuestro país, será negativa y de pésimos resultados para las libertades públicas. Así lo consideran todos los hondureños amantes de su tierra y a quienes ningún interés personal hace torcer el juicio cierto que de esta negociación se han formado desde que se inició.

Ojalá que en nuestras próximas ediciones podamos comunicar a nuestros compatriotas que se preocupan sinceramente por los grandes problemas en que se juega el porvenir de la República el fracaso total del empréstito de la muerte".

El pueblo hondureño conducido por Froylán Turcos le ganó al Gobierno de Paz Baraona.

EL EMPRÉSTITO DE LA MUERTE NO FUE NEGOCIADO.

LA REVISTA ARIEL Y SANDINO

Froylán Turcios, de una clara conciencia antiimperialista, combatiente número uno contra los "bárbaros del Norte" en aquellos años, escritor que había alcanzado las cimas de los más notables ideólogos latinoamericanos que se oponían al expansionismo yanqui, desde que empezó a publicar su revista Hispano—América, dedicó sus páginas a denunciar con calor patriótico el Tratado Chamorro—Bryan, los gobiernos traidores de Nicaragua y las frecuentes invasiones de los infantes de marina norteamericanos al territorio nicaragüense.

Además, Turcios ya era famoso por su actitud en marzo y abril de 1924, cuando —se puede decir— un solo ciudadano se enfrentó a los marinos yanquis en Tegucigalpa. Y este solo ciudadano tuvo la capacidad de fundar un periódico —el Boletín de la Defensa Nacional— que sirvió para reunir a los patriotas de la Capital (no era posible extenderse a la República en aquellas condiciones) y formar con ellos un frente de resistencia contra los invasores; frente que, de haberse prolongado aquella situación, habría culminado en la organización —como decía Turcios— de un formidable Partido Autonomista.

De modo que Turcios trabajaba por la liberación de Nicaragua desde los comienzos de la década; lo que indica que no era un combatiente de ocasión ni un advenedizo. En favor de la causa de Nicaragua había sacudido la opinión pública de América Latina, y había atraído a la causa nicaragüense a las personalidades más conspicuas de las letras de Europa.

Después de aquella guerra desastrosa e inútil con la que se pretendía echar del poder a los traidores conservadores para colocar en su lugar a los traidores liberales de la marca de José María Moncada y Juan Bautista Sacasa, el enviado del imperio, coronel Stimson, percibió que algo extraño flotaba en el ambiente y se apresuró a imponer a las partes el Convenio del Espino Negro, un convenio de paz por el cual debían entregar las armas los facciosos.

Augusto Calderón Sandino, un pequeño jefe liberal procedente de la Costa Atlántica que había penetrado hasta las Segovias, declaró oficialmente que no entregaría sus armas, como lo mandaba el

Convenio del Espino Negro, porque estaban destinadas para arrojar de Nicaragua a los invasores yanquis, declaración oficial firmada el 4 de mayo de 1927 en un lugar cualquiera de la zona segoviana.

Turcios, en la Revista Ariel, dio esta noticia colosal y saludó a Sandino y al grupo de patriotas que con su jefe formaban la Legión sagrada dispuesta a vencer o morir frente a los invasores norteamericanos, los cuales, después de haber venido a defender al traidor Adolfo Díaz, ahora se quedaban para pacificar a Nicaragua.

Sandino, hombre listo, por intuición pura, descubrió que en Froylán Turcios había encontrado un aliado formidable en la lucha contra los yanquis hasta sacarlos de Nicaragua. Y sin pérdida de tiempo le escribió una carta en que le llamaba "Maestro" y la despachó con un correo de confianza. Y Turcios que siempre andaba persiguiendo la celebridad, vio que había llegado su momento de gloria. Así fue firmada la alianza de las armas y las letras, que decía Cervantes en un discurso de Don Quiiote.

La Revista Ariel se publicaba en Tegucigalpa. Pero mantenla una relación constante con el cuartel general de Sandino en El Chipotón, lugar de las Segovias, por medio de correos avisados a diestros. Sandino mandaba sus partes oficiales a don José Idiáquez, hombre honradísimo, de Danlí.

Y don José por su parte se los remitía a Turcios, quien ya tenía listo el envío destinado a El Chipotón.

Si Sandino derrotaba a los yanquis de manera matemática en los encuentros y en las emboscadas, la batalla de Turcios con su revista era colosal. Hombre de suficientes recursos para vivir, pero no tantos como los que exigía una empresa tan gigante como la causa sandinista que pretendía alcanzar los límites del mundo.

Turcios trabajaba de día y de noche, escribiendo artículos, corrigiendo pruebas, contestando correspondencia de todo el mundo, haciendo paquetes, rotulándolos con su propia letra, preparando con tiempo el material del siguiente número, perdiendo el tiempo que le quitaban los visitantes inoportunos, contravigilando el ambiente policíaco tanto nacional como de la Legación Americana, como le llamaban entonces.

La Revista Ariel era una artesanía. No era una empresa capitalista. Tanto mejor. Como artesanía podía abrazar la causa liberacionista de Sandino. De haber sido empresa capitalista hubiera guardado el silencio de los periódicos locales, o se hubiera lanzado al ataque de los "bandidos segovianos" como lo hacían los grandes rotativos de los Estados Unidos.

La amistad de Turcios y Sandino fue amistad de dos hombres honrados que coincidían en el ideal de liberar a Nicaragua, a Centro América, a América Latina de las garras del imperialismo yanqui. Fue una amistad firme, sincera, que no debía haber terminado como termino. Aun después de haber tenido fin, ambos se recordaban y citaban como dos hermanos resentidos.

La Revista Ariel, a pesar de la lentitud de los transportes de aquel tiempo, ocupaba puesto de preferencia en Nueva York, en Londres, en París, en Roma, en Madrid, en Buenos Aires, en La Habana, en México, ya no digamos en las cinco capitales de Centro América, desde donde se despachaba por todo el territorio centroamericano, llegando así a ser leída con júbilo, tanto por la presentación, en la que Turcios era maestro, como por el contenido antiimperialista en el que la guerra de guerrillas sandinista demostraba superioridad sobre los "machos", que en los combates diarios perdían aviones y aviadores y sufrían bajas de infantes por decenas y centenas.

Nunca hemos tenido la oportunidad de tratar este asunto con testigos oculares; pero consideramos que cada edición de la Revista Ariel oscilaba entre los 25.000 o 50.000 ejemplares, y que hubo edición que fuera reimpresa tres veces y que llegara a los 100.000 ejemplares. Los agentes de la revista en el exterior eran antiimperialistas Y por tanto personas diligentes que desplegaban una máxima actividad.

En una fecha que no se podría precisar, Sandino se retiró en secreto de las Segovias para venir en secreto a Tegucigalpa y hospedarse en secreto en la casa de Froylán Turcios para curarse un fuerte paludismo que lo estaba aniquilando. Turcios instaló al héroe en un cuarto apartado del trajín de la gente, advirtió a la servidumbre que el hombre que reposaba allí por enfermedad era un pariente que había venido de Laguna Seca del departamento de Olancho y que era un simple campesino domador de caballos.

Le buscó médicos y los halló como anillo al dedo en el doctor José Jorge Callejas, antiimperialista que posteriormente publicó un estudio sobre la explotación de la United Fruit Company en Centro América, y el doctor Vicente Mejía Colindres, quien estaba a punto de ser Presidente de la República electo por el partido liberal y el grupo progresista que comandaba el general Vicente Tosta.

Por cierto que pasando de las preguntas y respuestas del médico y del paciente, en conversación sobre la lucha en Nicaragua, Mejía Colindres se comprometió con Sandino a no cerrar la frontera para que entraran libremente las ayudas del exterior a las guerrillas de las Segovias.

Turcios, un gran conversador, en horas que pesaba el hastío distraía a su amigo el héroe con numerosos relatos o le leía páginas de obras importantes.

Aparte de los médicos, nadie supo que Sandino había estado en Tegucigalpa, con excepción de un niño que le hacía pequeños mandados, y que posteriormente fue un ingeniero con éxito profesional. Nos referimos al Ing. Rafael Barahona, de Choluteca.

Una vez curado el general Sandino, regresó con la misma discreción a la zona de los reñidos combates con los yankees.

La amistad de Turcios y Sandino está documentada con las siguientes cartas:

"Campamento General de las Fuerzas Libertadoras y Defensoras de la Integridad Nacional. Nicaragua, en El Chipote,8 de septiembre de 1927.

Señor director y redactor de la Revista Ariel. Tegucigalpa, Honduras, C. A. Muy señor mío:

A mi campamento llegó un número de vuestra revista, en la cual he podido apreciar el más elevado concepto de vuestro intelecto, pues claramente ha aquilatado nuestro patriotismo, supuesto que vuestra mentalidad sabe interpretarlo a conciencia.

Los conceptos que habéis hecho respecto a mi humilde personalidad, referente a mi actitud contra invasores de mi patria, llenan de honda satisfacción mi espíritu, supuesto que vosotros sois los llamados a dar fiel interpretación con toda imparcialidad a mis actos, los cuales se encaminan a defender con lealtad y sin ambición personal el decoro de mi patria.

Vuestra revista ha abierto una brecha de gratitud en nuestros corazones y en esa virtud sírvase aceptar, en nombre del puñado de valientes que me acompañan y en el mío propio, nuestros agradecimientos.

Esta ocasión me sirve para ratificar a Ud. en lo personal y así puede usted hacerlo saber a vuestros colegas de prensa, a la intelectualidad hondureña, a los obreros y artesanos y al pueblo en general de Centro América, así como a las naciones indohispánicas que Sandino y sus fuerzas no se rendirán a los traidores, ni mucho menos a los invasores de mi patria. Queremos probar a los pesimistas que el patriotismo no se invoca para alcanzar prebendas y puestos públicos; se demuestra con hechos tangibles ofrendando la vida en defensa de la soberanía de la Patria, pues es preferible morir antes que aceptar la humillante libertad del esclavo.

Aprovecho esta ocasión para suscribirme de usted y enviarle, a la vez, el saludo fraternal y. cordial de vuestro atto. y obsecuente S.S. Patria y Libertad — A. C. Sandino".

"El Chipote, 20 de septiembre de 1927.

Estimado poeta. Con anterioridad escribí a Ud. una misiva, en la cual le expliqué mis ideas, así como mis agradecimientos por los conceptos que de mi humilde personalidad ha hecho referente a mi actitud, la cual va encaminada a defender la soberanía de mi Patria, aunque para ello tengamos que ofrendar nuestras vidas en aras de la libertad, pues aunque los traidores y tartufos pesimistas me juzguen en su despecho y desenfrenada ambición candidato a un manicomio, quiero probar al mundo civilizado que en mi amada patria Nicaragua aún hay quien sepa morir defendiendo su decoro.

Mi obsesión es rechazar con dignidad y altivez propias de nuestra raza, toda imposición que con cinismo de grandeza están desarrollando en nuestro país los asesinos de pueblos débiles, pero tenga usted la firme convicción que mientras yo tenga cartuchos he de hacerles comprender que ha de costarles cara su osadía. No dudo que somos muy pequeños para vencer a los piratas y felones yanquees, pero tampoco podrán negar estos asesinos que nuestra decisión está basada en el sagrado principio de defender nuestra soberanía.

Para mi Ejército y para mí, sería indecoroso aceptar garantías de los traidores e invasores de mi patria, pues no son ellos los llamados a dárnoslas; somos los hijos legítimos del país los que debemos dárselas a ellos; dichas garantías no las quiero para mí, las quiero en general para la Nación, y esas pueden ser efectivas desocupando los piratas invasores nuestro territorio. No hay nada que justifique su intromisión en nuestra política interna ni tampoco creo que la grandeza del 'Coloso' sirva para emplearla en asesinar nicaragüenses, pues aun cuando esa fuera su intención, en nada les beneficiaría porque aunque llegaran a aniquilarnos, en nuestros sangrientos despojos sólo encontrarán el tesoro que encerró el corazón de los patriotas nicaragüenses, el cual serviría sólo para humillar la 'Gallina' que en forma de águila ostenta el escudo de los yankees. Puede usted estar seguro y queda autorizado para hacerlo saber a Centro América, a la intelectualidad, a los obreros y artesanos y a la raza Indo—Hispana, que seré intransigente y no depondré mi actitud hasta no arrojar de mi Patria y del Poder a los invasores y traidores que por tantos años han traficado con la honra de la nación.

Nicaragua no debe ser patrimonio de imperialistas y traidores y por ello lucharé mientras palpite mi corazón. Y si por azar del destino perdiere todo mi ejército, que no lo creo, quede usted entendido, mi estimado amigo, que en mi arsenal de guerra conservo cien quintales de dinamita, que encenderé con mi propia mano; y el estruendo de este cataclismo se oirá a cuatrocientos kilómetros, y quienes lo escuchen serán testigos de que Sandino ha muerto; pero que no permitió que manos criminales de traidores e invasores profanaran sus despojos. Y solo Dios omnipotente y los patriotas de corazón sabrán juzgar su obra.

Esté usted persuadido, señor Turcios, que su pluma ha vibrado en el corazón de mi valiente Ejército, así como en el mío, pues claramente deja reflejado su amor a la patria, supuesto que lo sabe a conciencia, y por lo mismo sírvase aceptar nuestro fraternal agradecimiento.

Al mismo tiempo, hacemos presente nuestra condolencia por la muerte de su hermana, y rogamos a Dios de todo corazón fortifique su espíritu y le dé resignación en tan acerbo dolor.

Estoy en vísperas de un sangriento combate con los invasores y traidores de mi patria, del cual le daré extenso detalle oportunamente; mientras tanto acepte usted las consideraciones de mi mayor aprecio, así como el saludo fraternal de su amigo y obsecuente afectísimo y S. S.

Patria y Libertad. — A. C. Sandino".
"El Chipote, setiembre 24 de 1927. A Froylán Turcios.

Estimado amigo: El señor Juan J. Colindres, enviado especial que lleva correspondencia particular para Ud., tengo el honor de presentárselo, a fin de que sea identificado por Ud. y que cambie impresiones con él, según las instrucciones que dicho enviado lleva. No dudo que como conocedor que es Ud. de las personas humildes, sabrá apreciar la abnegación de dicho

Señor al desempeñar tan delicada misión. Puede permanecer dicho señor en esa el tiempo que Ud. estime conveniente.

Mi deseo, querido amigo, es justificar al mundo civilizado que mi actitud no afecta a ningún gobierno de nuestras hermanas repúblicas y por lo mismo no deben abrigar desconfianza. Al asumir la responsabilidad de mis actos ante mi patria, la historia imparcial la aquilatará y podrá definirlos en el sentido que estime conveniente ...

Nadie mejor que usted puede ser el fiel representante de nuestros sagrados derechos para defender la Soberanía Nacional, interpretados por su sano intelecto y por su grande amor a su tierra y a su raza, lo cual deja aquilatado al defendernos con todo el entusiasmo y la virilidad de su pluma. La gloria en que está usted colocado nadie podrá arrebatársela, porque sus enseñanzas de amor a la patria, expuestas en su verbo, fructifican en el corazón de la actual juventud, ávida de libertad e independencia.

¡Qué coincidencia! Antes de que usted me conociera por mi actitud e ideas, yo sentía predilección y afecto por usted, pues me entusiasmaba todo lo que su pluma escribía. Me sentía todo un hombre. Cuando llegué a esta edad estaba fortalecido por sus enseñanzas, y quiero consolidarlas en la conciencia nacional con la sangre de los piratas invasores; sirviendo esta lección a la juventud centroamericana como el prólogo libertador del débil contra el fuerte, y probar al mundo civilizado que el derecho de los débiles es más sagrado que el del poderoso; y si éste, por su soberbia, lo desconoce, debe sellarse con la sangre tal violación, para castigar su osadía.

Me comprometo con usted personalmente, por mi honor de militar, en el sentido de que mi actitud no afectará en nada la estabilidad del gobierno de Honduras, ni los de las demás hermanas repúblicas, pues mis actos sólo se ajustan a defender, con el decoro propio de mi raza, la soberanía de mi patria".

"Tegucigalpa, 11 de octubre de 1927

Señor General don Augusto César Sandino,
El Chipote.

Querido amigo Sandino:

Muy gratas sus cartas del 20 y 24 de setiembre último, que me fueron entregadas por persona de mi estimación y de mi afecto a pesar del escaso tiempo que tengo de conocerla. Este es un hombre, humilde y honrado y un sincero patriota, cualidades que para mí valen más que las mayores riquezas y que los más vastos talentos.

Me apresuro a expresarle mi gratitud por sus cordiales frases relativas a la muerte de mi hermana, mi verdadera madre, mejor dicho, y mi compañera de letras y de luchas cívicas. Estoy convaleciendo del terrible pesar que sufrí con su pérdida.

Como usted habrá visto por el paquete de Ariel que le envié, he abierto activa campaña en su favor en las páginas de mi revista. En Honduras sólo se oye mi voz proclamando su heroísmo; pero resuena en toda la República y en toda la América.

Llevada por la fama, eco de su magnífica protesta, su acción vibra va en el mundo.

¿Qué le diré de su actitud? Que es hermosísima, y que si la sostiene hasta vencer o morir, su gloria se alzará en los tiempos más grande que la de Morazán. Este invicto guerrero luchó por reunir los jirones de su Patria. Usted combate por su soberanía, que es lo esencial y básico; lo demás secundario. Morazán murió por la Unión; Ud. morirá por la Libertad.

En la posición extraordinaria en que Ud. se ha colocado sólo le quedan dos caminos: arrojar a balazos de Nicaragua al pirata desvergonzado o perecer en la contienda.

Si usted logra sostenerse seis meses más frente a los conquistadores y traidores, quizás la soberanía de Centro América se habrá salvado; porque un poderoso movimiento de conciencia universal se está operando, y tan tremenda fuerza moral obligará al imperialismo a retirar sus tropas de su país. Dentro de los mismos Estados Unidos hay más de trescientos periódicos exigiendo al gobierno que ordene la desocupación de Nicaragua; y esta generosa exigencia, que interpreta los deseos del pueblo norteamericano, llegará al Senado en sus próximas sesiones, Está Ud., pues, siendo el blanco del mundo entero. El nombre de Sandino resuena en los corazones de los patriotas de todos los países.

Yo le ayudaré eficazmente a que en Centro América, a pesar de la hostilidad de los gobiernos y de ciertas masas abyectas, sea conocida su actitud hasta en la última aldea.

Mis campañas de tantos lustros contra el yanqui opresor; todos mis arduos trabajos por la completa soberanía de nuestras cinco repúblicas, encuentran hoy en Ud. una concreción potente, luminosa y resonante. Ud. pone en práctica, con la más valiente acción libertadora, mis más altos ideales de honor y patriotismo.

Me dice que desde muy joven sentía predilección y afecto por mí, y que está fortalecido por mis enseñanzas. Pues yo me considero orgulloso de Ud. y le envío con mi más noble entusiasmo, mi cariño y mi admiración.

Que Dios le ayude en su brillante campaña, trascendental para la Justicia y el Derecho.

Saludo con ardiente simpatía, a su valeroso ejército. El constituye la Legión Sagrada y sus triunfos pasarán a la Historia.

Lo abraza fraternalmente.

Patria y Libertad

Froylán Turcios".

Párrafo de una carta de Sandino para Turcios, mayo de 1928.

"Le envío, de acuerdo con sus deseos, esa fotografía para que haga de ella el uso que quiera. Fue tomada a mi salida de México, el 1º. de marzo de 1926. En el caso de que usted la publique y le agregue alguna leyenda, haga constar que no soy político profesional sino un humilde artesano. Mi oficio es mecánico y con el martillo en la mano me he ganado el pan toda mi vida hasta la edad de treinta y tres años que hoy tengo".

"El Chipotón, 10 de junio de 1928. A Froylán Turcios.

Tegucigalpa. Grande y estimado maestro y amigo: no Con profunda sorpresa le en Ariel del 1º. de mayo último, sus palabras editoriales, relativas al peligro en que se halla la integridad territorial de Honduras, en lo que respecta a la cuestión de límites con Guatemala. Tanto sus palabras como las que reproduce del editorial de El Cronista de esa ciudad, hicieron que sintiera por un momento helada mi sangre. Pronto comprendí que personajes de la política imperialista yanqui, son los atizadores de esta hoguera centroamericana.

En estos instantes me preocupan más las graves dificultades entre ustedes, los dirigentes de Centro América o sea la Patria Grande, que la causa que yo mismo estoy defendiendo con mis pocos centenares de bravos: porque me convenzo que con nuestra firmeza de ánimo y el terror que hemos logrado sembrar en el corazón de los piratas, nuestro fin será evidente, mientras tanto que ustedes están rodeados de patricidas, que siempre andan al olfato de las causas grandes, para dejar en ellas la semilla de la traición.

En nombre de Nicaragua, de Honduras, de Guatemala y en el nombre de Dios, querido amigo mío, yo le suplico a usted y a todos los hombres de entendimiento y claro patriotismo de la América Central, traten de evitar por todos los medios posibles. el acaloramiento de ánimos y la ruptura de nosotros mismos. Ustedes están en la obligación de hacer comprender al pueblo de la América Latina que entre nosotros no deben existir fronteras y que todos estamos en el deber preciso de preocuparnos por la suerte de cada uno de los pueblos de América Hispana, porque todos estamos corriendo la misma suerte ante la política colonizadora y absorbente de los imperialistas yanquees.

Las bestias rubias están colocadas en uno de los extremos de la América Latina y desde allí observan ávidas nuestros movimientos políticos y económicos; ellos conocen nuestra ligereza de carácter y procuran mantener latente entre uno y otro país nuestros graves problemas sin resolver. Por ejemplo, la cuestión de límites entre Honduras y Guatemala, entre Honduras y Nicaragua: el asunto canalero entre Nicaragua y Costa Rica; la cuestión del Golfo de Fonseca entre el Salvador, Honduras y Nicaragua; la cuestión de Tacna y Arica entre Perú y Chile. Y así por el estilo, hay un encadenamiento de importantes asuntos en resolución entre nosotros. Los yanquis nos tienen bien estudiados y se aprovechan de nuestro estado de cultura y de la ligereza de nuestros caracteres para hacernos peligrar siempre que a los intereses de ellos conviene.

Los yanquis son los peores enemigos de nuestros pueblos, y cuando nos miran en momentos de inspiración patriótica y que nos buscamos con sinceros impulsos de unificación, ellos remueven hondamente nuestros asuntos pendientes, de manera que se encienda el odio entre nosotros y continuemos desunidos y débiles, y por lo mismo, fáciles de colonizarnos.

Estamos en pleno siglo XX, y la época ha llegado a probar al mundo entero que los yanquis hasta hoy pudieron tener tergiversada la frase de su lema. Hablando de la Doctrina de Monroe dicen: América para los americanos. Bueno; está bien dicho. Todos los que nacemos en América somos americanos. La equivocación que han tenido los imperialistas es que han interpretado la Doctrina de Monroe así: América para los yanquis. Ahora bien: para que las bestias rubias no continúen engañadas, yo reformo la frase en los términos siguientes: Los Estados Unidos de América para los yanquis; la América Latina para los indolatinos.

Tomando como se debe, por lema las frases anteriores, los yanquis sólo pueden venir a nuestra América Latina como huéspedes; pero nunca como amos y señores, como pretenden hacerlo. No será extraño que a mí y a mi ejército se nos encuentre en cualquier país de la América Latina donde el invasor asesino fije sus plantas en actitud de conquista.

Sandino es indohispano y no tiene fronteras en la América Latina.

Sin más que recomendarle por ahora, querido maestro, le envio mi corazón, con el cual le hablo en esta carta. Patria y Libertad. A. C. Sandino".

* * *

UN NIÑO—HOMBRE A
FROYLAN TURCIOS

1.—Hace dos años, en los días del mes de noviembre, mi columna permanecía en línea de fuego en las montañas de Quilalí, en espera de cuatro generales conservadores que provistos de ametralladoras asesinaban impunemente hombres de filiación liberal, no perdonando en tan cobarde asesinato ni a las familias de éstos.

Por un camino de los que llamamos picadas, caminos inextricables que solamente los chanes o vaqueanos (guías) conocen, llegó hasta la línea un niño de 9 años de edad. Solicita hablar con quien estas anotaciones hace. Llegado a mi presencia le saludo, y él, al mismo tiempo que me responde me entrega una alforjilla de mecate conteniendo guineos y yucas cocidas con chicharrones enchilados.

Como tantos niños de América, ese niño de pura raza india, en cuyos ojos brilla el orgullo indomable de nuestros ascendientes, llevaba por vestido algo que fue camiseta como se dejaba ver de dos rollitos de trapo arrollado en los bíceps, pendientes por unas hilas de los restos de talle que le quedaban en los hombros y un calzoncillo también en hilas que pendían del cinto.

Todo en el niño expresaba la protesta viva contra la civilización actual y lo que encerraba de sorpresa en la mirada todavía hace que al recuerdo de aquella escena suba incontenible la emoción en mi garganta.

Cuando yo le regresaba la alforjilla, rindiéndole las gracias y recomendándole dar mis saludos a sus padres, me respondió:

—Quiero ser uno de sus soldados, quiero que usted me dé un arma y tiros para pelear contra los bandidos que nos matan en nuestras casas. En la mía supimos —agregó— que usted estaba en la montaña y me vine trayéndole esas cosas para que coma.

Fue incorporado en nuestras fuerzas porque no hubo medio de convencerle de que no podía resistir debido a su edad, las rudezas de la guerra. Ha tomado parte en 36 combates y hoy, en vez de los harapos, luce hermoso uniforme.

Es un NIÑO HOMBRE.

Entre este niño y otros de pocos meses de diferencia en edad con él, incorporado en sus mismas condiciones morales y físicas, en aquellos mismos días, sostenían el siguiente diálogo. Habla el primer NIÑO HOMBRE:

—Me parece que se me ha quitado una montaña del cerebro. Tengo deseos de recorrer las 20 Repúblicas de la América Latina, pues dicen los compañeros que andan con nosotros, y que han venido de aquellas repúblicas a pelear a nuestro lado contra los machos, que somos 90 millones de latinoamericanos, y como tú sabes, estos revolucionarios tienen por objeto unir nuestra raza contra los imperialistas yanquis.

—Está bueno, hermano —responde su interlocutor— que pienses en viajar y no perdamos las esperanzas de que más de una vez iremos de Delegados de nuestro país a aquellas bellas tierras.

¿Podrían estos niños pensar como ahora lo hacen si hubieran continuado viviendo ignorados en sus jacales?

2.—Una cuarenticinquitía. Están sentados a una mesita un hombre, su esposa y su hijo. La esposa deshoja unos tamales de elotes calientes que con cuajada de leche y otros manjares del campo hacen la alegría del hogar. El marido sonríe al plato, conversando animadamente sobre los acontecimientos que la guerra antiimperialista ha desencadenado. El niño da grandes sorbos de café con leche, mientras hace reconvenciones al gato que en aquel momento sube al tabanco.

El marido: Vieja, es una sinvergüenzada que se va a terminar la guerra contra los yanquis invasores y yo no voy a tomar parte en ningún combate. ¿Qué podría contar cuando a la llegada a Managua me preguntaran algo de esta gran campaña?

La esposa: De veras, hijo, a mí me daría pena que no tuvieras nada que contar; además que no sólo por contar debes ir, sino porque es una obligación prestar servicios a esta causa que es de todos nosotros. Prepárate un poco de provisiones y te vas a penquear a los machos.

3.—Dos niños que juegan. Dos niños de 6 a 7 años de edad, hijos de los soldados juegan a la guerra en el centro de la casa mientras una lluvia torrencial hace desbordar los ríos.

Uno de ellos tiene un carrito de juguete y el otro una gorra.

El de la gorra le dice a su compañero:

—Te compro el carrito.

—Y qué me das tú, responde el otro.

—Esta gorra y unos botones.

—Ah—dice el del carrito, poniendo en el gesto la seriedad de sus frases—, para eso hay necesidad de quince días de conferencia y reunir a todo el ejército para ver si se puede hacer el negocio.

.. Y siguen jugando a la guerra.

Estos diálogos entre campesinos y muchachos del Ejército me hacen comprender que la lucha que hemos emprendido dará abundantes frutos para el bien del progreso moral e intelectual de nuestros pueblos; y aun a despecho de los abyectos, nadie podrá borrar el odio que hoy existe en los habitantes de las Segovias contra los yanquis.

Patria y Libertad. A. C. Sandino.

***

El Chipotón, Nicaragua, C. A., octubre 12 de 1928.
Señor Director del Diario de Occidente, Santa Ana, El Salvador.

Respetable señor:
En el número correspondiente al 10 de septiembre último del diario que usted dirige, he leído en la sección "comidilla diaria", "Lo que se sabe y lo que somos", a cargo de Reportero, una alusión calumniosa al señor Froylán Turcios, Representante General en el Exterior del Ejército Defensor de la Soberanía Nacional de Nicaragua, cuyo Jefe tengo el honor de ser.

Para hacer la aseveración injuriosa a nuestro honorable representante se muestra escéptico el articulista en cuanto a la existencia de la lucha que sostiene nuestro ejército y cita, para darle fundamento a su escepticismo, párrafos de una carta de Rodrigo de Cáceres, joven mexicano que dice haber querido "meterse de rondón por las Segovias" no habiéndolo podido lograr por haber sido detenido y al escaparse e internarse en Honduras, llegado que fue a Tegucigalpa, se informó de que todo lo que se refiere a nuestra guerra antiimperialista es pura literatura.

A ninguna persona que no esté en la región de la Nueva Segovia, le parecerá verdad que el anillo de hierro con que han pretendido rodearnos los invasores yanquis es fácilmente salvable por hombres enérgicos, y demostración de que ese anillo no pasa de ser uno de los fracasos de la estrategia de los piratas, es que nuestros correos no han sufrido la menor intercepción desde que iniciamos la lucha.

Rodrigo de Cáceres debe ser un agente del imperialismo yankee porque si fuera cierto que los filibusteros me tienen absolutamente controlado —ya que no llega a la audacia de decir que ni siquiera existo— eso sería motivo, en un verdadero luchador, para acercarse a mí, contra todas las dificultades y prestarme su cooperación.

Solamente a esa condición creeríamos en el antiimperialismo de Rodrigo de Cáceres.

Como la carta de Rodrigo de Cáceres ha dado ocasión para que uno de los colaboradores de usted dude de la honradez de nuestro Representante, señor Turcios, uno de los hombres de mayor pureza moral de que se pueda enorgullecer nuestra América, tengo el honor de manifestarle que ni la menor cantidad que por tan digno medio nos han enviado los autonomistas del Continente, ha dejado de llegar a mis manos, acusando yo los correspondientes recibos.

Quedo de usted con toda consideración atto. S.S.

Patria y Libertad. Augusto C. Sandino.

***

Aquí termina la primera parte divulgativa. Froylán Turcios había mundializado la lucha guerrillera antiimperialista que tenía lugar en Las Segovias, Nicaragua.

El general Augusto César Sandino ya era mundialmente conocido. El éxito de sus combates aparecía con leyendas de ocho columnas en los diarios de los grandes países industrializados.

Ambos personajes, el escritor y el héroe habían alcanzado la cumbre del renombre. Ya los acariciaban los laureles de la gloria.

Pero ésto, como lo veremos, no lo podía tolerar el imperialismo, y para lograr sus objetivos se valió de la diplomacia del Departamento de Estado y de la intriga operada por sus lacayos criollos.

FIN DE LA REVISTA ARIEL

Tegucigalpa, July 16, 1928.

My dear Dr. Dávila:

I have been informed by my Government that, according to advices received from the American Legation at Managua, the Nicaraguan Government instructed its Minister in Tegucigalpa on June 21, last, to deliver a note to Your Excellency's Government, requesting that the activities of Mr. Froylan Turcios be curbed.

The views of my Government in regard to this situation are expressed in the following message, which I have received by telegraph:

"In view of the initiative taken by Nicaraguan Government"

Mis Excellency
Doctor Fausto Dávila,
Minister for Foreign Affairs,
Tegucigalpa.

Government you may bring informally to the attention of the Honduranean Government the profound and friendly interest which the United States has in Central American peace and stability. The Honduranean Government is of course, fully aware of its obligations under the treaties of 1923 and of its responsibility for the subversive acts of persons within its territory against the recognized governments of other Central American countries.

This Gobernment, therefore, concurs fully in the request made by the Nicaraguan Government that the Honduranean Government take steps to curb the activities of those persons in its territory now aiding subversive movements in Nicaragua or engaging in such activities in the future. Such action by the Honduranean Gobernment would necessarily be welcomed as evidence of its sincere desire to comply with its obligations under the Central American Treaties.

Very sincerely yours,

George T. Summerlin

LEGACION DE LOS ESTADOS UNIDOS DE AMERICA

Tegucigalpa, Julio 16 de 1928

Mi querido Doctor Dávila:

Tegucigalpa, Julio 16 de 1928.

Mi querido Doctor Dávila:

He sido informado por mi Gobierno que, de acuerdo con los informes recibidos de la Legación Americana en Managua, el Gobierno de Nicaragua dio instrucciones a su Ministro en Tegucigalpa, el 21 de Junio último, para que entregara al Gobierno de Vuestra Excelencia, una nota, pidiendo que se reprimieran las actividades del señor Froylán Turcios.

Los puntos de vista de mi Gobierno con respecto a esta situación se expresan en el siguiente mensaje que he recibido por telégrafo:

"En vista de la iniciativa tomada por el Gobierno de Nicaragua, usted puede llevar informalmente a la atención del Gobierno Hondureño el profundo y amistoso interés que los Estados Unidos tienen en la paz y estabilidad centroamericanas.

El Gobierno Hondureño, tiene naturalmente, completo conocimiento de sus obligaciones de conformidad con los tratados de 1923 y de su responsabilidad por actos subversivos cometidos por individuos dentro de su territorio contra los gobiernos reconocidos de los otros países Centro Americanos.

Este Gobierno por lo tanto, se aúna completamente a la petición hecha por el Gobierno Nicaragüense para. que el Gobierno Hondureño dé los pasos necesarios para reprimir las actividades de aquellas personas que en su territorio estén actualmente apoyando movimientos subversivos en Nicaragua o se ocupen en el futuro en tales actividades. Tal actuación por el Gobierno Hondureño sería necesariamente aplaudida como una prueba de su sincero deseo de cumplir con las obligaciones que le imponen los Tratados Centro Americanos".

Muy atentamente suyo,

George T. Summerlin

DE LAS "MEMORIAS DE FROYLAN TURCIOS"
ESCRITAS EN ROMA, EN 1934.

Cuando mi campaña contra el imperialismo yanqui se hallaba en toda su fuerza, llegó un día a mi oficina Ernesto Lázarus, solicitando en alquiler mi casa del Calvario, cuya venta por veintidós mil pesos a una señora de Minas de Oro, acababa de anularse por la intervención en contra mía, del licenciado Presentación Quesada.

—Las condiciones son tan favorables para ti —me dijo Lázarus— que ya traigo la contrata en la que solo falta tu firma. El arrendamiento durará cinco años, prorrogables, cada uno de ellos adelantado a razón de cien dólares por mes, con formal promesa de comprarte el inmueble, si deseas venderlo al finalizar ese tiempo.

Yo pasaba entonces por una de mis agudas crisis pecuniarias y la propuesta me pareció magnífica.

—Aquí tienes los mil doscientos dólares del primer año — concluyó — depositando un fajo de billetes sobre mi escritorio.

Iba a tomarlos cuando un interno sobresalto me detuvo.

—Déjame la contrata para estudiarla —le insinué— y llévate el dinero. Te aguardo mañana a la misma hora.

El documento estaba concebido en los términos ya especificados. Sólo un reparo le encontré: en él no figuraba el nombre del alquilador: aquel espacio en blanco, que se llenaría a última hora, me hizo suponer que era éste la compañía norteamericana que actuaba en las torres inalámbricas.

Así tuvo que explicármelo Lázarus al día siguiente.

—Ni por el más alto precio —le dije— entraré en negocio de ninguna clase con algún aspecto del imperialismo que diariamente combato. Sería una inconsecuencia de mi parte escribir lo que sobre él escribo y ver flotar sobre mi casa el pabellón que yo juzgo enemigo de la soberanía de Honduras.

El valor de aquellos alquileres en los cinco años era mucho mayor que la cantidad que recibí poco tiempo después por la venta de dicha casa.

—Estas cosas tuyas me parecen de Don Quijote —exclamó Lázarus, disgustado por mi negativa. ¿Crees que existe alguien en tu país, no digo que aprecie, que entienda siquiera tales extremas acciones patrióticas?

***

Durante los años 1927—1928 trabajé en cuerpo y alma, en la magna empresa, acometida por un grupo de valientes, de arrojar de Nicaragua a la soldadesca yanqui que la infamaba esclavizándola.

Sin medir el peligro diario a que me exponía ante el Poder Público de Honduras luché día y noche sin descanso, de palabra y de obra, en la tribuna de la Revista Ariel, en pro del triunfo de aquel supremo ideal. La intensidad de mi acción llegó a su máximo límite: fuera de la activísima propaganda de mi revista y de mi continua correspondencia para los diarios extranjeros, escribí, de mi puño y letra, más de cuatro mil cartas a los hombres prominentes de todos los países del mundo y a las instituciones de carácter cívico de que tuve noticia, haciendo conocer el proceso del movimiento libertario. Antes de mi intervención se sabía, de una manera vaga, que un núcleo de patriotas peleaba en las montañas nicaragüenses contra los invasores anglosajones. Nada más. Yo hice conocer a su jefe, lo presenté en vibrantes artículos a la admiración de los hombres libres e impuse en la conciencia de los pueblos. Sobre este tópico podría escribir un libro de quinientas páginas, el más interesante, el mejor y más sincero de los que sobre él se han publicado y pudieran después publicarse. Pero quizá no lo escribiré nunca. Solamente dejo aquí constancia de que me aparté de la lucha cuando vi, con la más amarga decepción, que la gloriosa campaña por la soberanía nicaragüense degeneraba en una contienda fratricida, convirtiéndose el Libertador en un caudillo regional.

***

En mi deseo de infundir en los niños hondureños las ideas y principios de caballerosidad y civismo que forjan al verdadero ciudadano, fundé la revista Acción Cívica, destinada a los hogares y escuelas de la República.

Tuve satisfacción de ver un acuerdo, del Gobierno que me hostilizaba, reconociendo la utilidad e importancia de dicha revista. Acto espontáneo y justiciero nulificado totalmente después por la negativa del Ministro de Instrucción Pública, para que ordenara su impresión en la Tipografía Nacional a fin de ser distribuida integra y gratuitamente en las escuelas y colegios de Honduras sin reclamar yo ni un céntimo por mi trabajo de formarla y corregirla. También se negó a recomendar que la editaran en la referida Tipografía pagando yo su valor adelantado. Ante esas dos negativas —y no hallando en absoluto donde publicarla, después de la entrega de la imprenta en que aparecía, extinguióse Acción Cívica, a la que millares de personas, conscientes del mérito y de las cosas del cerebro y del espíritu, auguraron larga vida.

(Lo anterior indica que si no había imprenta para publicar una revista menor como Acción Cívica, menos la habría para publicar una mayor como la Revista Ariel. Nota nuestra).

***

Raúl Toledo López me envió del exterior una tarjeta para su cuñado Fernando Pérez, en que le pedía, de manera especialísima, que, de preferencia, se publicara Ariel en la Imprenta El Sol, de la cual era copropietario.

Con agresiva sorpresa vio Paz Baraona la reaparición de la odiada revista.

Circuló un número con un editorial que puso frenético al gobernante. Fui citado por medio del director de Policía para presentarme ante él a las once de la mañana. Tenía yo conocimiento de los ultrajes inferidos por Paz Baraona a personas que no le eran adictas, llamadas por algún chisme a su presencia. La última, el doctor Salvador Zelaya, me contó que le hizo víctima de groseras ofensas de palabras, proferidas con acento áspero y provocativo, a pesar de su confraternidad masónica. Resuelto a matar y a perder la vida antes que sufrir la menor humillación, me puse el revólver en el bolsillo, conforme con mi suerte. No me registraron al llegar, y, tras breves preguntas, me introdujeron en el pequeño salón del segundo piso de la rotonda.

Esperé allí como diez minutos, meditando en que nunca me hubiera imaginado que la próxima vez que fijara las plantas en aquel palacio, construido por mis iniciativas, desde la hora en que corrí el riesgo de morir por salvar al doctor Paz Baraona, fuera para repeler, en la forma en que se presentara, la agresión de ese mismo señor, ya en la presidencia de la República convertido en mi acérrimo enemigo por mi imperdonable delito de defender la soberanía de mi patria.

Impacientábame en la espera cuando llegó el supremo magistrado. No era ya el hombrecillo mustio y pálido, con palidez terrosa, humilde y abatido que yo compadecí antes dos veces en las crisis violentas de su destino. Ahora erguía con orgullo su pequeña estatura y mostrábase altanero, torvo, iracundo con el ademán drástico y los ojos encendidos. Que me obligaba, por la fuerza con que la ley le invistiera, a presentarse ante él, dios olímpico, juez absoluto— para doblegar mi ardor cívico y reprimir mis audaces protestas... pagaba así la deuda moral que tenía conmigo.

—Vea, señor, gritó al entrar agitando los brazos. Tenga mucho cuidado. Usted ha proferido gravísimas amenazas contra mi Gobierno y contra mí, diciendo entre otras cosas, que pronto correría la sangre por las calles de esta ciudad. Estoy dispuesto a ordenar que le pongan una barra de grillos, o a fusilarlo. Le llamo para que lo sepa. Si tiene apego a la vida suspenda esa revista en que fomenta la sedición y la anarquía.

Como yo le mirara en silencio, sin moverme de mi asiento, él, irguiéndose más, engallándose y recorriendo a largos pasos el salón, llegó a mi lado manoteando fuera de sí. Entonces me levanté exclamando.

—A mi vez le digo que tenga cuidado. Yo no me dejaré jamás ultrajar ni de usted ni de nadie. No siento ningún apego a la vida. Respecto a las amenazas que me atribuye, miente quien haya venido a comunicárselas. Nunca las he proferido. Lo que pienso y proyecto aparece con mi firma en Ariel. No suspenderé mi revista. Cumplo con ella mi deber de ciudadano íntegro, denunciando a los que ansían convertir a Honduras en una colonia yanqui. Puede usted hacer lo que se le antoje, engrillarme, fusilarme. Usted no me conoce: soy capaz de morir mil veces antes que claudicar miserablemente ante imposiciones que desprecio.

Su cara amarillenta se puso lívida. Avanzó de nuevo hacia mí con los puños cerrados. Le miré esperando el golpe para meterle en el cuerpo los cinco tiros de mi revólver. Pero con la diestra en alto y la mano izquierda golpeándose el pecho, vociferó:

—¡Aquí, aquí tengo grabada su acción, lo que hizo usted por salvarme la vida, exponiendo la suya cuando yo estaba en poder de aquellos bandoleros! Aquí! No le ordeno, le suplico que suspenda esa revista.

—En sus manos está que eso suceda, desligándose del tutelaje extranjero.

Viéndole caído sobre un sofá di la vuelta y salí. Me siguió hasta la escalera, tendiéndome la mano. Sin volverme continué mi camino.

Poco tiempo pasó. Escribía una mañana, de espaldas a la puerta de la esquina de mi casa. Oí ruido, y al volverme miré al general Lino Zúñiga a mi lado.

—Tengo orden del señor Presidente para conducirlo a la Penitenciaría.

—Estoy a su disposición.

Y tomé mi sombrero. Cuando ya salíamos detúvome diciendo.

—Tiene a mano un ejemplar de la revista de ayer.

Se lo di y leyó el editorial.

—Prométame no moverse de este sitio. Volveré entre veinte minutos.

Salió, Y, transcurrida media hora, le vi regresar sonriendo satisfecho.

—Le aseguraron al doctor Paz Baraona que en ese artículo usted le llamaba traidor, ladrón y asesino, ofendiéndole además en su vida privada. Acaba de leerlo y, aunque está muy duro para él, no contiene insultos de esa clase. Le pide excusas por la orden que me dio.

—Dígale al presidente, amigo Zúñiga, que cierre siempre los oídos a los chismes miserables: que como gobernante está en la obligación de leer la prensa independiente. Que yo detesto la injuria personal por estéril y vil: que nunca he atacado ni atacaré a nadie en su vida privada porque es propio sólo de los canallas. Que le ataco, y así le seguiré haciendo en sus actos oficiales que lastiman la autonomía de la patria.

***

Arturo Martínez Galindo después de su prisión en el cuartel de San Francisco— me dijo que Paz Baraona lanzó contra mí terribles amenazas ante él y otros compañeros suyos del Grupo Renovación.

Todo culminó al fin con la muerte de Ariel por un decreto emitido pocos días después. Publiqué entonces en El Cronista y El Demócrata, diarios dirigidos por Alfonso Guillén Zelaya y Celeo Dávila, una vigorosa protesta en que exhibí de la peor manera a mi poderoso enemigo en los términos más violentos.

Apenas empezaron a circular aquellos diarios, muchos amigos llegaron a mi casa para aconsejarme que saliera inmediatamente de la capital, pues de un momento a otro sería encadenado.

—Paz Baraona en un instante de cólera, en uno de sus frenesíes, es capaz de inmolar a su mismo padre —me dijo uno que era coterráneo suyo.

—No. No me iré. ¿Por qué delito voy a huir?

Y abrí todas las puertas de mi casa. Pero interiormente seguro de que se me hundiría en alguna asquerosa celda, si no se me lanzaba del país, o me ocurría algo peor, preparé una valija con lo más necesario.

El doctor Pablo Moncada llegó a decirme que el presidente estaba rabioso contra mí y que de un minuto a otro se me iba a capturar.

—Evite un atropello —me dijo—. Su prisión es inminente. Le repetí lo que le expresé a los otros. Ahora deseaba que se viera ese abuso de la fuerza oficial que ratificaría plenamente mis juicios. Pero dominando sus iras, no cumplió el gobernante sus amenazas —quizá aconsejado por alguno de sus Ministros y por otros personajes influyentes, o por miedo a la opinión pública manifiesta en mi favor y a las críticas mordaces de los periodistas de su propio país y de las otras secciones de Centro América y del exterior.

***

Más de doscientos artículos y cartas de mis compañeros de letras en Hispano América recibí, protestando por la muerte de Ariel.

***

En el cuartel general del Chipotón, en las Segovias, se ignoraba la existencia del frente político abierto por el Departamento de Estado a través de sus Legaciones en Managua y Tegucigalpa y los Gobiernos lacayos de ambos países contra el grande escritor antiimperialista Froylán Turcios y la Revista Ariel.

El mismo frente político estaba operando en Nicaragua, con distintos métodos políticos, contra el general Augusto César Sandino y su Ejército guerrillero.

De ahora en adelante el Departamento de Estado sacará de la gaveta los Pactos de Washington de 1923 para aplicarlos a la insurrección antiimperialista de Centro América que tenía su foco principal en Las Segovias.

Se valdrá de sus politiqueros como funcionarios y como intrigantes en el frente político.

Y ahora pasemos a dar a conocer el último documento público de Froylán Turcios relacionado con la propaganda sandinista:

***

ARIEL Y EL IMPERIALISMO YANKEE

Levanto mi voz para que se oiga en la América entera. Atendiendo drásticas órdenes de Mr. Summerlin, representante del imperialismo yankee en Honduras, el Presidente Dr. Paz Baraona, en Consejo de Ministros, emitió un decreto inconstitucional, que está haciendo cumplir por la fuerza, para matar la Revista Ariel, única publicación de intensa propaganda contra el verdugo de nuestros pueblos; único grito de alerta contra el pirata en acecho: única acción de potencia moral cada día más pujante en pro de la soberanía patria y de los altos destinos de nuestra Raza.

Con perfecta verdad podemos asegurar que Ariel, por la suprema Causa que sustenta, es hoy la revista más conocida en el mundo de las que se editan en el Istmo. Circula desde Alaska hasta la

Argentina, desde Rusia hasta Portugal, y en el norte de África, y en Asia, y en Oceanía. Recibe más de ochocientos canjes y su movimiento de correspondencia es quizá el mayor en nuestro país.

Me veo obligado a hacer estas explicaciones para demostrar que no es lo mismo suprimir cualquier periódico independiente por cuestiones vulgares de orden interior que matar una revista cuyo nombre es mil veces más conocido que el de todos sus victimarios juntos; que no es lo mismo suspender una hoja de política local que reducir brutalmente al silencio a la única voz resonante en la defensa de las libertades Patrias y de los cánones más elevados del Derecho, de la Razón y de la Justicia.

Sepan todos nuestros compatriotas —y que esto produzca un intenso dolor en la conciencia de los verdaderos ciudadanos— que el Gobierno yankee por medio de su citado Ministro, es quien manda en la actualidad en Honduras. Sus órdenes son acatadas por nuestros hombres del Poder, aunque para ello tengan que violar nuestra Carta Magna. Pero los que nos imponen esta negra vergüenza cargarán con la tremenda responsabilidad de su delito de lesa—patria y tendrán que responder mañana al terrible cargo de estar mutilando la soberanía nacional con su servilismo sin ejemplo.

Son los gobernantes que se arrastran a los pies del yankee altanero los que nos están remachando las cadenas de la más vil de las servidumbres; son ellos los que, por sus condescendencias criminales con los piratas anglosajones, están hundiendo nuestra autonomía en un abismo de abyección y de infamia. Y no se nos vengan en La Gaceta con editoriales majaderos y mal escritos: que donde quiera que respire un patriota su conducta ruin merecerá la más enérgica reprobación.

Todos los países de la tierra, inclusive los Estados Unidos, exaltan y aplauden la actitud de Sandino, sin que sus gobiernos traten de impedirlo. Solo el Gobierno de Honduras se ha puesto de parte de los sanguinarios conquistadores, en abierta y desvergonzada hostilidad contra el Ejército de Patriotas que defiende, con valor sobrehumano, la soberanía de Centro América.

Si el señor Paz Baraona leyera la prensa del Continente se informaría de la repugnancia y del desprecio que por este motivo se siente en el Exterior por nuestra patria y de los continuos y feroces ataques de que él es objeto por su conducta incalificable.

Las propagandas en favor del Héroe de la Raza se intensifican más cada día en todas las naciones, aun en la misma tierra centroamericana totalmente esclavizada por el yankee. Solo en Honduras se viola con cinismo la Constitución y se pisotea la libertad de la prensa para evitar esas generosas y patrióticas propagandas y se persigue a los sandinistas como criminales.

¿Ignorará acaso el señor Paz Baraona que la lucha contra el Imperialismo norteamericano constituye hoy un tópico universal y que en el propio imperio fenicio hay gran número de instituciones que combaten furiosamente al Gobierno pirata por sus groseros atentados contra nuestras infelices repúblicas? Y que es ridículo, en grado supremo, por no decir una palabra más precisa y más dura, convertirse en enemigo personal del legendario Sandino, cuando el universo entero está asombrado de su epopeya fabulosa y hay más de cincuenta mil publicaciones que en todos los idiomas glorifican su nombre?

Los aviones imperialistas que cobardemente asesinan desde la impunidad de las alturas a los héroes nicaragüenses, y que aterrizan cada cinco días en El Toncontín, como en tierra conquistada, como si ya Honduras fuera una colonia yanqui, llegaron, con persistentes embajadas, a exigir que el Poder Público se echara sobre mí. Pero nada obtuvieron entonces. La gloria de la felonía que dio muerte a Ariel pertenece al señor Summerlin, quien debe sumarla, en su haber diplomático, a los recuerdos gratísimos que dejó en México. Es del caso anotar que ante el gesto autoritario y la voz imponente de este tetrarca romano tiemblan como míseros niños sorprendidos nuestros políticos intervencionistas.

El odio africano que los individuos que integran el gobierno de mi país profesan al Libertador Sandino, y el drasticismo del citado Summerlin, constituyen las verdaderas causas del vil asesinato cometido en Ariel.

Debo manifestar a los ignorantes, o a los conscientes que se hacen los tontos por ingénita maldad, que el general Sandino, el 4 de mayo de 1927, no levantó el pabellón de la guerra civil en Nicaragua; que no lucha por lanzar del poder usurpado al traidor

Adolfo Díaz. El Héroe de los Héroes —ante cuya altura moral son miserables pigmeos todos sus enemigos, inclusive los Coolidge, los Kellogg y demás sayones del Imperialismo— combate, en duro duelo mortal, por su Raza, por los eternos ideales de Honor y Libertad; lucha, en una terrible guerra de Independencia, por arrojar de su patria al cínico conquistador que afrenta su soberanía; que incendia, viola, roba y asesina y envilece de mil maneras a sus conciudadanos. Pelea y peleará hasta morir, con la misma altísima y sacra bandera que empuñaron Bolívar, Washington, Morelos y Martí en las grandes epopeyas de la liberación americana. El nada desea para sí. Ni el Poder ni el Oro le atraen. Al salir el yankee de Nicaragua, depondría las armas, retirándose a vivir en un país extraño. Su gloria y su fuerza están en su Ideal, cumbre luminosa de su máximo espíritu. Únicamente los corazones envilecidos, las almas obscuras y protervas, los hombres manchados de execrable ignominia, son incapaces de sentir admiración por el gallardo paladín que honra a la humanidad con su sacrificio inmortal.

Declaro con orgullo que mi mayor satisfacción es el profundo sentimiento cívico y el fraterno cariño que me unen, y me unirán hasta la muerte, al varón más ilustre en los anales de la Libertad contemporánea; a aquel cuya fama resuena como un himno imperecedero en las más remotas latitudes. Considero como el más alto honor ser su Representante General, en el Continente; y en que Ariel le haya servido de órgano de su campaña gloriosa. Mientras tenga un hálito de vida contribuiré, con mejor eficacia a medida que los peligros se agranden, en cada minuto, en todo terreno, a su acción abnegada y heroica.

Pronto tendremos los autonomistas hondureños que rechazar en sangrientos combates al yankee invasor que, con pretextos más o menos estúpidos, intentará colocarnos en la oprobiosa situación de Nicaragua. Entonces, cumpliendo su brillante programa de redención racial, Sandino ampliará su radio de acción de combate y lo veremos en Honduras defendiendo como Supremo Jefe nuestra soberanía ultrajada.

Por lo demás, Ariel no morirá. No serán el capricho ciego y la delictuosa inconsciencia y la ruin traición quienes apagarán el fulgor de su ideal, su íntegra energía patriótica, su clara visión del futuro.

Sufrirá hoy —como en octubre de 1925, cuando destrozó el Empréstito de la Muerte— un eclipse momentáneo, bajo la acción de la fuerza bruta; pero como esos altos faros que en los piélagos tormentosos se apagan y vuelven a encenderse en las tinieblas de las noches, aparecerá de nuevo su luz en el instante del supremo peligro o del naufragio total de nuestra soberanía.

FROYLAN TURCIOS

Tegucigalpa, 5 de agosto de 1928.

FIN DE LA AMISTAD DEL ESCRITOR FROYLAN TURCIOS Y EL GENERAL AUGUSTO C. SANDINO

CARTA DE SANDINO PARA TURCIOS

20 de noviembre de 1928

Mi querido maestro:

Tengo el honor de poner en conocimiento de Ud. que ante el resultado de la intervención yankee en las elecciones presidenciales del 4 de este mes, imponiendo al traidor José María Moncada como presidente de la República, en el período de 1929 a 1932, he tomado la determinación de invitar los partidos Liberal Republicano y Laborista, y al Grupo Solidario, a que unifiquen su acción con la de nuestro Ejército. En comunicación anterior le informé de cuál fue la actitud de los partidos mencionados en dichas elecciones, y por lo que respecta al Grupo Solidario, es de las agrupaciones que hacen oposición a la política intervencionista y a cuanto venga en detrimento de la soberanía nacional.

Si como tengo fundadas esperanzas, la unificación se lleva a cabo, y como consecuencia de ella se instala la Junta de Gobierno, presidida por el doctor Zepeda, espero saber si aceptaría la representación en el exterior de la Junta de Gobierno, puesto que en ese caso ya no tendrá nuestro Ejército el honor de ser representado por Ud. De las mismas cláusulas del Convenio se desprende que la unificación sólo se llevará a la práctica en el supuesto de que los bucaneros no desocupen el territorio nicaragüense. En caso de que lo desocupen, le ruego a Ud. servirse gestionar ante el "Comité Manos Fuera de Nicaragua", de México, D.F. y con otras organizaciones simpatizantes de nuestra causa, en su carácter de Representante personal mío en el Continente, a fin de que me sea proporcionada la oportunidad de trasladarme con mi Estado Mayor a una República hermana —México, por ejemplo— con el propósito de hacerme de elementos, ponerme al habla con el pueblo nicaragüense y presentar una acción conjunta al tránsfuga José María Moncada.

...en su oportunidad y en el caso de que los piratas desocupen el país, le daré informes de las gestiones tendientes a conseguir los medios para mi salida, con mi Estado Mayor, en la forma que dejo dicha. Para el mejor efecto de los trabajos de Ud. en este último asunto, le ruego a Ud. informar al doctor Mairena y al doctor Zepeda de lo que Ud. realice para la armonía de la gestión. Por mi parte tendrá Ud. la mejor información de todos los trabajos que estamos emprendiendo, dentro y fuera de la República. No creo demás manifestarle que si no se retiran los bucaneros y los trabajos de unificación no se llevan a cabo, porque las agrupaciones en cuestión no respondieren al llamado que les hago, continuaré con mi ejército combatiendo a los invasores y a los vende—Patria; y es más, si el mismo Ejército no quisiera continuar con la acción libertadora, por cualquier motivo que él juzgue poderoso, yo me quedaría "'in—grimo" haciéndoles a los bucaneros un tiro por aquí y otro por allá, sin darles cuartel jamás.

Dios está con nosotros en estas horas supremas, ha dicho Ud. y esa frase, repetida por mi diariamente, nos llevará al triunfo definitivo. Con el saludo afectuoso del Ejército, tengo el honor de enviar a Ud. la expresión de mi cariño admirativo.

Su discípulo. Patria y Libertad. A. C. Sandino.

CONVENIO

Noviembre de 1928.

Convenio celebrado por el Jefe Supremo del Ejército Defensor de la Soberanía Nacional de Nicaragua, con los partidos Liberal Republicano y Laborista y el Grupo Solidario.

Augusto César Sandino, Jefe Supremo del Ejército Defensor de la Soberanía Nacional de Nicaragua, en uso de las facultades conferidas por el mismo Ejército y los partidos Liberal Republicano y Laborista, con el Grupo Solidario, residentes en sus sedes, en Managua la del primero y en León la de los dos últimos, convienen en lo siguiente:

1º .—Desconocer al Presidente impuesto por las armas de los Estados Unidos de Norteamérica para regir los destinos de la República en el período de 1929 a 1932, y organizar una Junta de Gobierno, presidida por el Dr. Pedro J. Zepeda (de parte del Ejército) con el Vice y miembros del Gabinete por parte de las agrupaciones signatarias, excepto cualquiera que de una u otra manera haya tenido contacto con los conculcadores yankees y los detentadores del poder nacional, tanto en esta como en las otras ocasiones de nuestra política Contemporánea.

2º.—El Gral. Sandino queda como Generalísimo del Ejército Defensor de la Soberanía Nacional, y como a tal le incumben los nombramientos de todos los jefes militares y la supervigilancia de los puestos que juzgue a su alto cometido de guardián de honor del país; lo mismo que queda autorizado para dictar las medidas oportunas a la defensa, en cualquier atentado, ya de los de adentro, ya de los de afuera, contra la condición Libre e Independiente que tiene la República desde la ruptura del Pacto Federal y las proclamaciones subsiguientes.

3º.—Un delegado especial, con poderes del Jefe del Ejército, se pondrá en contacto con el doctor Zepeda en México D.F. para informarle de las gestiones que se están llevando a cabo junto con las agrupaciones citadas en la cláusula primera y para que de acuerdo con el Comité Manos Fuera de Nicaragua, que funciona en aquel Distrito Federal, y de otras entidades simpatizadoras con la causa antiimperialista, traten de conseguir el armamento necesario para organizar la expedición, que llegada la hora, desembarcará en cualquiera de los puertos de ambas costas nicragüenses, a fin de garantizar el Gbno. que se intalará en un lugar de las Segovias u otro que fuere oportuno. El Delegado Especial del Ejército fungirá al lado del Dr. Zepeda, en carácter de Secretario Privado, con el objeto de hacer más seguras las medidas que se tomen, como mejor conocedor que es de las aspiraciones y maneras de obrar de dicho cuerpo, primer garante del cumplimiento de este convenio. Mientras llega la expedición que se dice, el Gral. Sandino con sus fuerzas, mantendrá la actitud de protesta contra la ilegalidad establecida por el invasor y los vende patria; y al arribo de tal expedición, él dictará en su carácter de Generalísimo del Ejército Defensor de la Soberanía

Nacional. las órdenes pertinentes a la manera de hacer efectivos los fueros del pueblo nicaragüense.

4º.—Al tomar posesión el Pte. impuesto el 1º. de enero del año próximo entrante, las agrupaciones signatarias, fijada por los piratas, vencida la cual, sin verificar la desocupación material y completa del territorio nacional, será este el término para empezar a desarrollar estos compromisos. Entonces una de ellas, por todas, según habrán convenido entre sí, dirigirá un radiograma a México al Dr. Zepeda: "Compramos Medicinas", lo que dará lugar a lanzar el Manifiesto del Ejército, que obra en poder del Delegado Especial, y del cual la copia puede mostrar a las agrupaciones signatarias el portador de este convenio.

5º.—No apareciendo en tal Manifiesto el nombre de ninguno de los miembros de las agrupaciones signatarias, quedan sobre seguros de no ser molestados por las autoridades de facto, dedicándose entonces a informarse de la hora y lugar de arribo de la expedición, tratada en la cláusula tercera, para que los aptos a las armas las tomen, y a su amparo los otros se encaminen al sitio donde se instalará la Junta de Gobierno, a fin de constituirla de acuerdo con el Pdte. lanzado en el manifiesto del Ejército, y darlo a saber al mundo para las formalidades consiguientes.

CARTA RESPUESTA DE FROYLÁN TURCIOS

Tegucigalpa, 17 de diciembre de 1928

Sr. Gral. Augusto C. Sandino. Donde esté.
Mi querido amigo:

Me dijo Ud. en una de sus recientes cartas, en un párrafo de su puño y letra, que venía de Postdata, que me considera su mejor amigo. Yo lo quiero aún más, como a mi único hermano por el corazón y por los grandes ideales de Justicia y Libertad. Y por esto, precisamente, estoy en la forzosa e ineludible obligación de hablarle con la más absoluta franqueza, con la alta franqueza digna de los dos.

Yo tengo el deber de cuidar de su gloria; de la gloria del LIBERTADOR SANDINO, el hombre más brillante de los tiempos modernos. Pero el Sandino de mis admiraciones, el símbolo de nuestra Raza, y la Gran Bandera de la Libertad, es el egregio paladín arriesgado heroicamente en una empresa gigantesca para arrojar al poderoso conquistador del suelo de su Patria.

Conseguido ese magno objetivo, su victoria es "absoluta": y de ningún modo puede mezclarse en otra empresa menuda, como sería el encabezar una guerra civil para poner a éste o aquél en la silla presidencial de Nicaragua. El patricio, el prócer Sandino, mi amigo, mi hermano, por quien daría mi sangre, es el Héroe de los Héroes en la guerra de independencia que hoy asombra al mundo. Al Sandino, caudillo de una guerra civil, en una miserable contienda fratricida, "no lo conozco" y nada tendría que ver con él. No estaré, pues, jamás, de acuerdo con la misión a México. Yo no debo cooperar a empequeñecer la homérica figura del "Libertador Sandino" cuando he puesto mis mejores energías en hacerlo brillar como un nuevo Bolívar bajo el cielo de América.

En el número de antier de "El Demócrata" de esta ciudad, apareció el texto que le acompaño de un proyecto de pacto entre Moncada, Díaz y Ud. redactado por los señores Escolástico Lara, Sofonías Salvatierra y Salomón de la Selva.

Antes que todo, ruégole decirme si estos señores tienen representación de Ud. para proponer pactos de arreglo. Entendía por lo que Ud. me ha dicho en varias ocasiones, que solo yo tendría ese derecho.

De todos modos, el proyecto en referencia tiene sus cosas buenas. Deseo saber si podría yo suscribir un pacto, que fuera respetado por Ud. con las siguientes bases, tomadas o ampliadas de éste a que me refiero:

1º.—El Gobierno de Nicaragua, presidido por el Gral. Moncada, pedirá a los EE.UU. y obtendrá el inmediato retiro de todas las fuerzas norteamericanas que se hallan en aquella República.

2º.—Inmediatamente después que haya salido de Nicaragua el último soldado norteamericano, el Gral. Augusto C. Sandino y todos los jefes y soldados que están a sus órdenes, depondrán las armas, guardándolas en Costa Rica, para el caso de que tuvieran necesidad para hacer uso de ellas, si nuevamente soldados norteamericanos invadieran el territorio de Nicaragua: y reconocerán la constitución del Gobno. presidido por el Gral. Moncada.

3° .—El Gobno. del Gral. pondrá en todo su vigor la Constitución de la República y tomará sin pérdida de tiempo, una vez constituido, las medidas necesarias a fin de no tener efecto de ley todas aquellas disposiciones y todos aquellos contratos y demás medidas que violan o contrarían la Constitución.

4°.—El Gobierno del Gral. Moncada reconocerá al Gral. Sandino y a sus oficiales y soldados sus derechos ciudadanos, amparándolos, mediante la más amplia amnistía.

Espero que se servirá contestar esta carta a la mayor brevedad posible, dándole instrucciones especiales al correo a fin de que llegue sin la menor demora.

Mis mejores saludos para la Legión Sagrada. Un abrazo para Ud.

Patria y Libertad

Froylán Turcios

ULTIMA CARTA DE FROYLAN TURCIOS

Tegucigalpa, 28 de diciembre de 1928.

Sr. Gral. A. C. Sandino. Donde esté.
Mi querido amigo:

Ya tarde recibí ayer su carta del 18 del presente, y después de leer repetidas veces la parte que se refiere al punto grave, que sintetiza la lucha libertaria, he quedado completamente convencido de que la Fatalidad se cierne sobre nuestra causa, y que sobre la nueva ideología con que Ud. me la presenta, camina a rápidas jornadas a su Seguro Fracaso.

Yo di a esta campaña magnífica, mis mejores fuerzas, y estaba resuelto a ofrendarle mi sangre. Por la guerra de independencia que

Ud. encabeza, no hay sacrificio que no hiciera. Pero veo que ya no estamos de acuerdo en la finalidad de la lucha; que ya no atiende a mis observaciones, de conservarse en el plano único de la soberanía, en su acción contra el pirata, y que pretende ahora buscar medios para cambiar un régimen político interior, empleando Para ello la GUERRA CIVIL y por este camino no puedo seguirle.

Si Ud: persiste en el plan que hoy me ratifica, nos separaremos como dos hermanos "que no pudieron entenderse".

En mi carta del 18 actual, que debe estar en sus manos a estas horas, le expresé claramente mi opinión, con vista de la última suya.

Yo estoy y estaré con Ud. en cuerpo y alma, en el épico esfuerzo para arrojar al yankee, "pero nunca para efectuar luchas fratricidas, aunque estas tuvieran por base las más justas razones".

Tenga Ud. la certeza —y no olvide mis palabras— de que el yankee no saldrá jamás de ese país, por resolución del Gobno. del imperialismo del Norte y de los gobiernos traidores de Nicaragua. Sólo puede salir a balazos, por la perseverancia sobrehumana de Sandino, y esta empresa de titanes fue la que Dios le encomendó. Y no otra. Planear proyectos de orden regional, con la base fantástica de la salida de los piratas, es construir castillos en el aire y empequeñecer su epopeya legendaria. Su nombre es bendecido y admirado en todos los ámbitos del mundo, porque sostiene una guerra semejante a la de Bolívar y Washington; porque siendo el brillante paladín de la libertad, es símbolo de la Raza…

Pero veo que me equivoqué lamentablemente al pensar que Ud. me atendería: que nada conseguiré con escribirle sobre esto, páginas y páginas. Usted tiene tomada su resolución y mi voz sería inútil. Su MAESTRO, como Ud. me llama, no tiene ya influencia alguna sobre su alma.

Le ruego, únicamente, que me envíe la forma en que daré a conocer a la América mi separación de Ud., pues yo no me perdonaría nunca, que en mi explicación hubiese una sola palabra que no le fuera grata.

Estaba resuelto a no salir del país, mientras le fuera a Ud. útil; pero comprendo que de nada servirá mi presencia aquí, y que más bien soy un obstáculo para sus planes. Un intenso saludo para la Legión Sagrada.

Patria y Libertad

Froylán Turcios.

***

ÚLTIMA CARTA DE AUGUSTO C. SANDINO

Cuartel Gral. del Ejército Defensor de la Soberanía Nacional de Nicaragua, enero 7 de 1929.

Señor Froylán Turcios. Tegucigalpa, Honduras.

Fue en mi poder la nota de Ud. fechada en esa ciudad el 29 del pasado diciembre, en la cual se sirve presentar ante esta Jefatura Suprema, su renuncia, como representante de nuestro Ejército en el Continente.

Tengo el honor de comunicarle, que en esta fecha le ha sido aceptada dicha renuncia, quedándole a la vez prohibido, negociar con los documentos del Ejército que tiene Ud. en su poder, y de los cuales dará la debida cuenta al comisionado que este Comando Gral. del Ejército designe para ello.

Mientras tanto, "no se desean comunicaciones de Ud. en nuestro campamento". Cuando miro casos como el de Ud. me viene el recuerdo de Diógenes el filósofo.

Se olvidó Ud. de que los muñecos están en los bazares, y que los que combaten en las Segovias tienen ideas propias.

Sírvase comunicar por radio esta disposición a la prensa mundial.

Patria y Libertad
AUGUSTO C. SANDINO
(Sello)

***

DE LAS MEMORIAS DE FROYLAN TURCIOS

23 de febrero

A las nueve de la noche vino mi amigo Ramiro Durán a comunicarme la trágica muerte de Sandino. Me produjo violenta indignación este cobarde e ignominioso asesinato.

¡Si Sandino no hubiera sido tan ruin para conmigo con qué brillante y terrible cólera le vengaría mi pluma! Con el mismo o mayor ardor con que hice conocer al mundo su epopeya. Pero como no tengo nada de santo, como soy de carne y hueso, no puedo olvidar su ingratitud; y solamente mi pasión por la soberanía de Centro América y la forma infame y perversa con que fue ultimado me obligan a romper el silencio para condenar a sus verdugos.

(Roma, 23 de febrero de 1934).

AGUSTÍN FARAMUNDO MARTÍ Y AUGUSTO CÉSAR SANDINO

Otro colaborador importante del Gral. Augusto C. Sandino en la lucha guerrillera de Las Segovias fue el líder comunista Agustín Faramundo Martí, de El Salvador. En el Informe al Consejo Federal Ejecutivo de la Federación Regional de Trabajadores, dijo en uno de sus párrafos:

"En Nicaragua está en el poder Moncada, agente del imperialismo yankee, a quien combatimos en Las Segovias, cuando Sandino estaba apoyado por las organizaciones anti—imperialistas revolucionarias, antes de que Sandino traicionara el movimiento anti—imperialista mundial para convertirse en un caudillo pequeño—burgués liberal con aspiraciones a gobernar Nicaragua dentro de los moldes burgueses semi—feudales y semi—coloniales.. En San Salvador, El Salvador, Centro América, Febrero veintidos de mil novecientos treinta y uno.

POR LAS VICTIMAS DE LA REACCION Y DEL IMPERIALISMO. AGUSTÍN F. MARTI

Para el Consejo Federal Ejecutivo de la Federación Regional de Trabajadores".

Martí fue jefe supremo del movimiento insurreccional obrero campesino de El Salvador en marzo de 1932, aplastado por el general Maximiliano Hernández Martínez, agente del imperialismo yanqui, masacrando en esa ocasión a 30.000 trabajadores del campo y la ciudad, y fusilando a Martí y a los jóvenes Mario Zapata y Alfonso Luna.

(Nota: El nombre del líder salvadoreño es Agustín Faramundo, con m, y no Agustín Farabundo con b como equivocadamente se ha divulgado).

REVISTA ACCIÓN CÍVICA

Todas las revistas de Froylán Turcios fueron hondureñas, centroamericanas, continentales y aun mundiales. Pero, entre todas, la revista verdaderamente hondureña fue Acción Cívica. Fue y sigue siendo una revista preciosa. Si en el país existiera una Casa editora, una de sus primeras publicaciones sería, una segunda impresión, en forma de libro, de Acción Cívica para regalo de los niños, los jóvenes y aún los viejos.

Turcios empezó a publicar Acción Cívica el 20 de mayo de 1926 y suspendió su publicación cuando fue suspendida la Revista Ariel por un acuerdo ejecutivo del Presidente de la República Miguel Paz Baraona, quien tomó esta decisión en Consejo de Ministros, y en realidad obedeciendo órdenes del procónsul norteamericano George T. Summerlin, como se ha demostrado.

El primer editorial de Acción Cívica se titula: "Revista para el Hogar y la Escuela", y en el texto se lee: "Fundamos esta revista para poner nuestros esfuerzos en la realización de dos fines primordiales:

Modelar el alma de los niños de Honduras en un anhelo constante de perfección espiritual y mental que les convierta en verdaderos ciudadanos, amantes de su patria y defensores de su soberanía;

Mejorar, hasta donde sea posible, con los ejemplos de los grandes patricios de todos los tiempos, con la voz de los más renombrados pensadores, y con nuestra íntegra voluntad, el concepto que la mayoría de nuestros conciudadanos tiene de nuestros problemas vitales.

Escogeremos cuidadosamente los textos que aparecerán en estas páginas, seleccionándolos de tal manera que cada uno de ellos sea un noble propósito concreto. Textos universales en su mayor parte, y textos hondureños que nos ayuden eficazmente en el desarrollo de nuestro programa. Todo en cortas dosis, en resúmenes claros y completos, como deben ser estas lecciones cívicas y civilizadoras.

Aspira esta revista a constituir un alto factor educativo de intensa cultura cívica en el hogar, en la escuela y en la sociedad.

Dicho lo anterior, va un ejemplo:

LA ORACION DEL HONDUREÑO

¡Bendiga Dios la pródiga tierra en que nací!

Fecunden el sol y las lluvias sus campos labrantíos; florezcan sus industrias y todas sus riquezas esplendan bajo su cielo de zafiro.

Mi corazón y mi pensamiento, en una sola voluntad, exaltarán su nombre, en un constante esfuerzo por su cultura.

Número en acción en la conquista de sus altos valores morales, factor permanente de la paz y del trabajo, me sumaré a sus energías; y en el hogar, en la sociedad o en los negocios públicos, en cualquier aspecto de mi destino, siempre tendré presente mi obligación ineludible de contribuir a la gloria de Honduras.

Huiré del alcohol y del juego, y de todo cuanto pueda disminuir mi personalidad, para merecer el honor de figurar entre sus hijos mejores.

Respetaré sus símbolos eternos y la memoria de sus próceres, admirando a sus hombres ilustres y a todos los que sobresalgan por enaltecerla.

Y no olvidaré jamás que mi primer deber será, en todo tiempo, defender con valor su soberanía, su integridad territorial, su dignidad de nación independiente; prefiriendo morir mil veces antes que ver profanado su sueño, roto su escudo, vencido su brillante pabellón.

¡Bendiga Dios la pródiga tierra en que nací!

Libre y civilizada, agrande su poder en los tiempos y brille su nombre en las amplias conquistas de la justicia y del derecho.

Froylán Turcios.

HIMNO A GUTENBERG
CORO

Resplandece en los siglos tu nombre
de la Fama como astro inmortal,
y el confín de los mundos recorre
sobre el trueno sonoro del mar.

En el libro, en el diario te aclama
Con sus voces el vasto Universo.

Vive tu alma profunda en el verso
o en la prosa que es nervio y color.
Gutenberg! —dice el fuego que inflama
el volcán de la Ciencia y el Arte
y tu espíritu magno comparte
con los genios el sacro esplendor.

Resplandece en los siglos tu nombre.

Gloria eterna a tu invento divino
donde halló la palabra su cumbre
y dos trémulas alas de lumbre
dio a la Idea en su marcha triunfal.
Fue muy alto tu noble destino:
elevar el espíritu humano,
encendiendo en el lóbrego arcano
de su nombre un brillante fanal.

Resplandece en los siglos tu nombre,

Salve, insigne varón legendario,
de los hombres sublime portento,
bajo el puro y azul firmamento
tu creación se verá refulgir.
Para ti es el laurel milenario
que a través de la Historia perdura.
Crecerá tu grandiosa figura
en los tiempos que están por venir.

Froylán Turcios.

LOS BELLOS LIBROS

Los libros de los pensadores y de los grandes poetas son estuches relampagueantes. Hay en ellos leve gracia y hondo pensamiento. El rayo zigzaguea en sus páginas cerca del ruiseñor que canta en el plenilunio de oro, junto al estanque dormido en el silencio. Son cajas aromadas, de rojo terciopelo, en las que brilla la clara pupila del diamante. Hay en verdad, versos diáfanos que semejan ópalos tornasoles. Versos blancos como blancas perlas. Alejandrinos que son rubíes y endecasílabos que tienen la hermosura de las amatistas. Hay estrofas que son pedrerías llameantes y que seducen los oídos como mágicas músicas.

Por eso existe placer más puro y perdurable como el que nos proporcionan las bellas lecturas. Quien sabe comprender y sentir un libro de arte puede vanagloriarse de llevar, dentro de la vil armazón humana, un espíritu y un cerebro en lo que de intenso significado tienen esas dos altas palabras.

Los buenos libros son los mejores amigos. Ellos aconsejan y no engañan. Ellos enseñan, deleitan y conmueven; y hacen latir fuertemente el corazón y ponen en noble actividad la máquina peligrosa del pensamiento.

LA COSA MAS PERVERSA

Que hoy practican los hombres, es, acaso, el juego de gallos. Todo se junta ahí: cobardía, traición, crueldad, estupidez.

En ninguna otra ocasión demuestra el honor cobardía mayor, pues hace un daño atroz sin correr el más leve peligro.

En ninguna otra, mayor necedad, pues los gananciosos se muestran envanecidos de una victoria en que nada pusieron de su parte.

Pero lo más vergonzoso es el engaño, la traición a unos infelices animales que riñen sin saber que van a morir.

Los hombres padecemos de ceguera incurable: nos imaginamos que semejantes infamias son inocentes diversiones, y que la Naturaleza, cobarde, vil y estúpida como nosotros, no ha de castigar tales atrocidades.

Y sin embargo, ni el acto más insignificante escapa a su natural consecuencia. Hay para todo un premio o un castigo.

A. Masferrer.

LA VOZ PROFUNDA

Soy cristiana, de democracia total. Creo que el cristianismo, con profundo sentido social, puede salvar a los pueblos. He escrito como quien habla en soledad. Porque he vivido muy sola en todas partes. Mis maestros en el arte y para regir la vida: La Biblia, el Dante, Tagore y los Rusos. Vengo de campesinos y soy uno de ellos. Mis grandes amores son mi fe, la tierra y la poesía.

EL ESPEJO

—Quizá— propuso el célebre profesor Bergeret —con la cautela de quien se arriesga a formular una teoría— quizá la idea de Dios proviene de la invención del espejo. Cuando el hombre pudo ver su imagen, comprendió la posibilidad de que existieran seres reales e incorpóreos a la vez. En suma, todo lo sobrenatural está ahí. Aquello explica el don de unicidad, y hasta el misterio de la trinidad inclusive. En el espejo soy simultáneamente uno y doble. Basta un sencillo bisel para transformarme en trinio y uno.

Leopoldo Lugones.

ELOGIO DEL MARISCAL SUCRE

La Batalla de Ayacucho es la cumbre de la gloria americana y la obra del General Sucre. La disposición de ella ha sido perfecta y su ejecución divina. Maniobras hábiles y prontas desbarataron en una hora a los vencedores de catorce años, y a un enemigo perfectamente constituido y hábilmente mandado. Ayacucho es la desesperación de nuestros enemigos. Ayacucho, semejante a Waterloo, que decidió del destino de la Europa, ha fijado la suerte de las naciones americanas.

El General Sucre es el padre de Ayacucho: es el redentor de los hijos del sol: es el que ha roto la cadena con que envolvió Pizarro el imperio de los incas.

Simón Bolívar.
Lima, 1825.

MORAZÁN

Mágica rima de bronce que cante
la maravilla de tu épica historia.
Sobre la cumbre mi Musa levante
el fabuloso esplendor de tu gloria.

Que tu figura se encienda en la llama
que irradien las albas de nácar y oro.
Himno solemne pregone tu fama.
Vibre en los aires tu nombre sonoro.

Ínclita Musa de arcanos acentos
de tu renombre destierra el olvido.
Flota el ideal de la Unión en los vientos
cual pabellón al futuro tendido.

¿Quién tu recuerdo no cine de flores?
¡Pase tu Numen, venciendo vestiglos,
cual sol sin ocaso de vivos fulgores
sobre el eterno rodar de los siglos!

¡Patria, saluda al heroico guerrero!
Himnos eleva de luz y victoria.
Ama el sublime fulgor de su acero.
¡Pon en su frente el laurel de la gloria!

Froylán Turcios.

DIAMANTES

Jóvenes, oh jóvenes, los viejos son las canas de la sociedad humana; los cobardes, los ruines son sus enfermedades y sus ascos; los pícaros sus pestilencias; vosotros sois su corazón, su sangre; vosotros sois su espíritu, llama ardiente que prendida por el genio de la libertad, sale afuera, salta vívida, se pega a todo, y purifica y engrandece lo que tiene la virtud de despertar su santa furia. Pueblo donde los jóvenes son apagados, lánguidos, es insignificante. Pueblo donde ellos son medrosos, esclavos, es ruin, mil veces ruin. Pueblo donde ellos son corrompidos, bellacos, es infame.

—El amor a la patria, el amor a la libertad, en siendo desinteresado, noble, magnánimo, inagotable, inmenso, le vuelve santo al patriota y al libre.

—El liberalismo consiste en la ilustración, el progreso humano, y por aquí, en las virtudes; ni puede haberlas en medio de la ignorancia y el estancamiento de las ideas.

—No: la imaginación no se corrompe sino en el ocio: el trabajo libra de la muerte, porque libra de los vicios.

—La libertad no es un bien sino cuando trae consigo la felicidad.

—La verdad es fuerte por sí misma; encendida con el fuego del patriotismo arde sobre los culpables y consume a los enemigos de la libertad y las virtudes.

Juan Montalvo.

EL VERDADERO CABALLERO

El hombre magnánimo se conducirá con moderación en la buena como en la mala fortuna. Sabrá mantenerse digno en las posiciones más encumbradas como en las más humildes. No se dejará arrastrar por el éxito, ni abatir por la adversidad. Sin buscar el peligro, no le huirá, porque hay pocas cosas que le inquieten. Es sobrio de palabras y lento en expresarse, pero dice abiertamente y con valor su manera de pensar, cuando la ocasión lo exige. Sabe admirar lo que es digno de ello. Desdeña las injurias. No es dado hablar de sí ni de los otros, porque no se cuida de ser alabado, ni de que los otros sean vituperados. No se queja por bagatelas, y no implora auxilio de nadie.

Aristóteles.

LA ORACION DE GETTYSBURG

Ochenta y siete años ha nuestros padres dieron a luz en esta tierra una nueva nación, concebida en la libertad, y dedicada a la proposición de que todos los hombres son creados en igualdad. Hoy estamos comprometidos en una gran guerra civil, probando si nuestra nación, o si cualquier nación así concebida y a tal fin dedicada, puede subsistir por largo tiempo. Nos hemos reunido en un gran campo de batalla de esa. Hemos venido a dedicar una porción de ese campo como postrer lugar de descanso para quienes dieron aquí sus vidas a fin de que la nación viviera. Es de todo punto adecuado y correcto que hiciéramos esto. Pero en más amplio sentido, no podemos dedicar, no podemos consagrar, no podemos santificar esta tierra. Los esforzados hombres que aquí bregaron la han consagrado ya muy por encima de nuestra pobre facultad de agregar o sustraer. Poco reparará el mundo, ni recordará por largo tiempo, cuanto decimos nosotros aquí; pero no podrá olvidar cuanto ellos hicieron aquí. Es deber de nosotros, los vivos, dedicarnos al inconcluso trabajo que aquellos que aquí lucharon tan hidalgamente así han adelantado. Es nuestro deber estar dedicados aquí a la enorme tarea que queda frente a nosotros, porque tomemos de estos muertos honrados creciente devoción a la causa por la que ellos hicieron el postrero y máximo esfuerzo de su devoción; porque resolvamos solemnemente que estos muertos no han dado su vida en vano; porque esta nación, protegida por Dios, tenga nuevo nacimiento de libertad; y porque el gobierno del pueblo, por el pueblo, para el pueblo, no perezca en la tierra.

ABRAHAM LINCOLN

Y así con iguales o más bellas y provechosas citas, fue llegando la revista Acción Cívica, por años a los suscriptores, a los hogares, a las escuelas, en las ciudades, pueblos, aldeas y caseríos.

DIARISMO

Froylán Turcios fue poco inclinado a los periódicos.

Solía decir que le llenaba de fastidio la obligación de imprimir todos los días la chismografía dorada y aun sin dorados del lugar, acompañada de comentarios sosos y forzados que a la semana los enterraba el olvido. Desde luego, estas palabras son nuestras; el las decía con elegancia.

Pero editó tres diarios, dos de su propiedad, y el tercero oficial. El primero fue "El Tiempo" editado en la Administración del general Manuel Bonilla. Fue un simple anotador de noticias con editoriales de circunstancias. De repente, hasta desapareció de los anaqueles del Archivo Nacional. Tuvo relativa importancia y su mismo dueño y director lo recuerda sin entusiasmo.

Dígase la verdad. Froylán Turcios cuando la revolución liberal de 1894, casi era un muchacho. Tan lo era que consideraba maestro suyo al talento extraordinario Francisco Cálix h., quien le había dado fuego a aquella revolución desde las aulas universitarias y después desde las tribunas populares. Estaba de moda parecerse a los revolucionarios franceses, y si Francisco Argueta Vargas fue Marat, y Francisco Lobo Herrera, Mirabeau, Francisco Cálix h. fue Danton. Con esta elocuencia extraordinaria se impuso en la Asamblea Constituyente de la República Mayor en 1898, y lo eligieron su Presidente, a los 29 años. Decía Turcios que su maestro Cálix h. le "había envenenado el alma al pasarle, con velocidad de locomotora, las obras del libelista José Maria Vargas Vila, que hacían delirar a la juventud de aquellos años".

Por lo dicho, Turcios se consideraba liberal, y por tanto marchaba en las filas de la juventud dorada; le seducía el ejemplo de José Antonio Domínguez, que con ser tan indiferente a las cosas del mundo, había tomado el fusil y en brioso corcel se había ido a la guerra; veía hermosos y legendarios a los rudos campesinos armados, dispuestos a derramar su sangre para que prevaleciera el Derecho. Gozaba del aprecio de los grandes jefes de la revolución: de Policarpo Bonilla, de Manuel Bonilla, de Terencio Sierra. Don Manuel era liberal y era el jefe del Ejército revolucionario. Cuando don Policarpo ascendió a la Presidencia constitucional de la República, trasladó la jefatura del Partido Liberal a don Manuel en consideración a su prestigio, a su ecuanimidad y a su don de mando.

El doctor Bonilla nombró Secretario de una delegación diplomática a Costa Rica, al joven Turcios. El Presidente Sierra lo hizo Ministro de Gobernación por ministerio de la ley, dado que el titular, doctor Juan Ángel Arias, o residía en Santa Rosa de Copán, a poca distancia de sus tabacales, o se trasladaba, para darse la grande, a Guatemala. Y el general Bonilla, a su hora presidencial, lo conservó en la Subsecretaría de Gobernación con libertad para que publicara "El Tiempo" y la Revista "Nueva", publicaciones que entraron en crisis a partir del golpe de Estado de 1904, hasta que se extinguieron.

Este hecho determinó que el general Bonilla se considerara desligado del Partido Liberal y planeara su propia política, que sin abandonar la doctrina liberal, hacía posible la existencia de dos partidos liberales en la República. Ratificaron estos hechos la revolución que trajeron los liberales de Nicaragua en 1907 y que provocó el encuentro de dos facciones hondureñas y dos ejércitos centroamericanos, el de Nicaragua que ayudaba a los liberales revolucionarios, y el de El Salvador que cooperaba con los liberales del Gobierno, es decir con el general Bonilla. La batalla de Namasigüe donde se separaron las dos alas liberales Para siempre, duró 7 días y 7 noches, siendo derrotado el Ejército del general Bonilla y el de los salvadoreños.

Constitucionalizado el Gobierno del general Miguel R. Dávila, la primera crisis mundial, la primera gran crisis imperialista, hecho novedoso y desconcertante que ni las más agudas inteligencias llegaban a comprender en el país, empezó a soplar un vientecillo desagradable que barría las poquísimas y livianas existencias del Fisco. Entonces se empezó a hablar de la conveniencia de contratar un empréstito, llegando a ser la comidilla de los corrillos. El empréstito sería de diez millones de dólares, respondiendo con la entrega de las aduanas del país a los acreedores financieros.

Convenía oponerse a aquella operación infame. Y para oponerse lo indicado era publicar un diario. Un día, Froylán Turcios apareció con "El Heraldo", el cual empezó a reflejar en sus páginas la literatura extranjera que daba a conocer las manipulaciones del capital financiero y la exportación de empréstitos con que las naciones de alto desarrollo industrial se adueñaban de los países pequeños.

Y empezó a denunciar los conciliábulos que tenían en la Secretaría Privada de la Presidencia de la República que se hallaba a cargo del doctor Paulino Valladares, alumno querido que fue del general Dávila, cuando éste dirigió "El Espíritu del Siglo", colegio que surgió de la Revolución de 1894. En tales condiciones, Valladares hacía y deshacía en la Presidencia de la República.

Como había una decisión firme en la contratación del empréstito, y "El Heraldo" de Turcios agitaba a la opinión pública para que no se contratara, el Gobierno violando los derechos constitucionales y los mandatos específicos de la Ley de Imprenta, prohibió la publicación del diario.

Durante el Gobierno del doctor Francisco Bertrand, Gobierno de conciliación nacional, después de muerto el General Bonilla, Froylán Turcios volvió a la Subsecretaría de Gobernación, molesto porque no se le había dado el puesto máximo, para dárselo a un hombre a quien despreciaba por ostentar una erudición a la violeta y considerarlo además un diablo con sotana. Ese hombre era Alberto Membreño, a quien remedaba en su propia cara por no haber podido pronunciar la "r" y sustituyéndola por la "l".

—Oiga —le decía Membreño a un empleado—. Háblele al poeta Turcios, por favor.

Venía Turcios, cuando le roncaba la gana y llegaba diciendo:

—Me hablaba el señol Ministlo de Gobelnación, doctol Albelto Membleño? Estoy a sus óldenes.

El Ministro disimulaba aquello porque le tenía miedo a Turcios…

Y lo más triste es que el Presidente de la República conocía los sarcasmos de Turcios, y en vez de reprimirlos solía celebrarlos con sus amigos.

Como por una semana se puso de moda en Casa Presidencial aquel modo de hablar por mera diversión.

En el Gobierno de Bertrand fue fundado "El Nuevo Tiempo" que se reducía a publicar cables y cables y cables de la primera guerra mundial.

En 1917, cuando triunfó la revolución bolchevique en Rusia, dio la información más completa de aquel acontecimiento mundial.

"El Nuevo Tiempo" no publicaba editoriales. Publicaba artículos de las mejores firmas: Miguel A. Navarro, Salatiel Rosales, Augusto C. Coello, José Cruz Sologaistoa, Rafael Arévalo Martínez, que en ese tiempo vivía en Tegucigalpa, en fin, casi todos los miembros del "Ateneo de Honduras". Las crónicas sociales las escribía y publicaba Alejandro Castro, quien las firmaba con el nombre de Alexiev.

La importancia de El Nuevo Tiempo en nuestros días es que vale como fuente de información de una época florida del país.

Las grandes inversiones de las compañías había convertido la Costa Norte en una "Costa de Oro" y la demanda que tenía el hule como material de guerra aumentaba la abundancia.

TIERRAS, MARES Y CIELOS

Gracias a la amistad de Froylán Turcios con Juan Ramón Molina fue posible que los hondureños amantes del Arte y la Belleza llegaran a tener en sus manos la obra TIERRAS, MARES Y CIELOS.

Molina, de gran impulso lírico, quizás el más lírico de los poetas hondureños, dejó su producción dispersa en Tegucigalpa, Guatemala, Quezaltenango, San Salvador, Río de Janeiro, Lisboa, Madrid, París, Nueva York. Se llevó consigo alguna parte de ella, no logró juntarla toda y viajar con su tesoro, sin faltarle una sola joya.

Turcios se dedicó a esta labor benedictina, con tal amor se le sigue reconociendo. Reunió todo lo valioso de Molina, en verso y en prosa, y así logró publicar TIERRAS, MARES Y CIELOS en junio de 1913.

Algunos inconformes y algunos enemigos personales de Turcios, se fueron por las calles con el chisme que la obra de Molina estaba incompleta; que el editor había dejado por fuera las mejores poesías y las prosas más delicadamente trabajadas.

Han pasado los años, los lustros y las décadas, y nadie ha dicho: —Aquí está un poema, aquí está una composición en prosa que Turcios dejara olvidada…. No se ha visto ese caso.

Salatiel Rosales saludó en "El Cronista" la aparición de TIERRAS, MARES Y CIELOS, en la siguiente forma:

TIERRAS, MARES Y CIELOS

El aparecimiento de este libro es una realización póstuma del anhelo que la muerte le frustró en mala hora a nuestro poeta sin fortuna Juan Ramón Molina.

El aparecimiento de este libro se debe al generoso empeño de Froylán Turcios, que sabe tener cuando quiere el desprendimiento de los grandes artistas; y a la magnificencia del Estado que ha comprendido ¡bendito Estado! que un libro de versos magnos puede valer tanto como un kilómetro de ferrocarril o un campo sembrado de patatas.

La edición de TIERRAS, MARES Y CIELOS, seamos francos, no es como lo hubiera querido Molina ni como lo deseábamos nosotros los amantes de las bellas letras y amigos del vate difunto; pero nos conforta la idea de que ese volumen, con todo y sus deficiencias tipográficas, salvará de la garra del tiempo el valioso legado espiritual que dejó no sólo a su patria sino al mundo de las letras castellanas el genial autor de Águilas y Cóndores.

Nosotros no vemos hoy la obra literaria de Juan Ramón Molina con los mismos ojos apasionados con que la veíamos hace diez años. El acrecentamiento de nuestra cultura y la consiguiente evolución de nuestro espíritu crítico, nos han quitado aquella irreflexiva, cándida y fácil admiración en que antaño se nos encendía el alma ante las producciones de nuestros dioses mentales. Le hemos encontrado deficiencias, esas desoladoras deficiencias que se registran en toda obra de hombre y hemos tenido que rectificar más de un concepto.

Aquilatado nuestro juicio con el estudio y la reflexión, estamos lejos de pensar, como piensan algunos retardados, que Molina puede parangonarse con Rubén Darío. Los que tal afirman, lo hacen porque ignoran los valores estéticos contemporáneos, y porque desconocen lo grande y deslumbradora obra de belleza, de belleza pura, creada en veinte años de labor continua por el autor de Cantos de Vida y Esperanza.

Molina que, no cabe dudarlo, entre nosotros, fue un gran poeta, un admirable poeta, un excelso poeta. Mas fue su gran mal una incurable falta de voluntad para ser como esos testarudos trabajadores de la época que fatigan las rotativas de las casas editoras e inundan de libros, día por día, los mercados literarios del mundo.

Su gran talento nunca estuvo sometido a los cánones de una saludable disciplina. Escribiría muy de tarde en tarde, tras largos períodos de inercia y sólo cuando una voz imperativa surgida de los abismos de su ser, lo obligaba a tomar la pluma.

Tenía los más ricos dones poéticos, es cierto, pero nunca fue señor absoluto de esos dones. Llevaba un encéfalo de oro, mas no pudo o no quiso jamás sacarse todo el oro de ese encéfalo. Obscuras fatalidades orgánicas lo condenaron a no gozar plenamente, largamente, los grandes tesoros que natura le había dado; y su vida de escritor parece que fue una ingrata y sorda lucha contra el genio maléfico que le vedaba extraerse todas las miríficas gemas que él llevaba en los veneros interiores de su espíritu.

Pero quede sentado aquí, que Juan Ramón Molina es la mentalidad literaria más indiscutible que ha producido Honduras, que su prosa no la hemos igualado todavía, y que su verso, sonoro, vivaz y pujante, es de lo mejor y más perdurable que hasta hoy se ha escrito en el Nuevo Mundo.

Salatiel Rosales.
(El Cronista", Tegucigalpa, No. 139, 19 de julio de 1913).

Cuantas ediciones han aparecido después de TIERRAS, MARES Y CIELOS han partido de la edición primera que publicara Turcios en los comienzos del Gobierno de Francisco Bertrand.

Ejemplo de cómo se comportan los amigos con los amigos. Las habladurías de los mediocres, los enfermos del alma y los incapaces, carecen de importancia.

LIBROS

TIERRA MATERNAL

Mariposas fue el poemario que le dio fama a Froylán Turcios al llevarse el primer premio en un concurso literario en Guatemala. Posteriormente le irritaba aquella victoria fácil en que unos intelectuales en torno de una mesa, como si estuvieran eligiendo una "reina de belleza2, acordaban qué obra luciría la corona de papel brillante. Turcios decía:

"—Sí; ese libro no sirve; lo he roto en cien pedazos; lo he mandado barrer y que lo arrojen al depósito de basura…¡El único laurel que vale es el que da el pueblo cuando aprueba y aplaude universalmente nuestras creaciones y nuestros hechos cívicos…!".

Así decía Turcios.

Tierra Maternal, en cambio, era para este escritor su primera obra, el primer peldaño que lo llevaría por la escala del mérito a la cumbre de la gloria. Muy joven pensó que otros literatos hondureños se referían de cuando en cuando a las cosas de Honduras, dominados por el exotismo de los escritores franceses. El cantaría las cosas de su terruño, y así empezó a hacerlo. Tierra Maternal es el mismo Olancho, cuyo nombre ya se menciona en las páginas de Bernal Díaz del Castillo. Turcios —yendo por buen camino— consideraba que así debía cumplirse aquello que había dicho con otras palabras el pensador ilustrado José Cecilio del Valle que "la mayor preocupación de los americanos estaba en América" y aun en sus regiones.

Argumento estético más racional no se había dado, y así empezó:

TIERRA MATERNAL

TIERRA MATERNAL

Tierra de luz y de íntima fragancia
que en mi recuerdo de ilusión fulgura,
fértil región de insólita hermosura,
cármen de amor donde corrió mi infancia.

Vasto jardín fecundo que mis horas
perfumó con sus rosas y claveles,
que coronó mi Musa de laureles
y me ofrendó sus músicas sonoras.

A ti, pródigo edén por quién suspira
mi corazón en la gran paz nocturna,
van los vagos acordes de mi lira

entre el rumor universal dispersos:
¡que a ti revuela mi alma taciturna
en el arcano ritmo de mis versos!

CATACAMAS

Ciudad que vive en mi interior y en donde
tuve de amor un azulado sueño
y que en las rosas de su edén risueño
de mi pasado una ilusión esconde.

Al pie de la montaña, entre el murmullo
del riachuelo musgoso y cristalino,
en un valle feraz y cristalino
vegeta de las brizas al arrullo.

Al comenzar mi juventud sonora
dio mi lira en su seno perfumado
las primeras canciones a la aurora.

Amé a una virgen con pasión secreta
y de la luna al resplandor plateado
suspiré por sus ojos de violeta.

EL REAL

Duéleme tu lamentable decadencia,
tu árido aspecto y tu esplendor en ruinas,
y evoco tu pasado y tu opulencia
oyendo tus campanas cristalinas.

Quién gozará en la flor de tu existencia,
de tus múltiples gracias argentinas,
de tu ambiente la clara transparencia
y tu aire de fragancias campesinas!

Hoy solo queda de tu antiguo encanto,
tus tardes de limón y de amaranto,
la canción de tu río en el invierno,

tus dulces noches y tu brisa amable,
todo lo que en la vida es inmutable
y nos seduce con su ritmo eterno!

RIO TINTO

En la verdura del confín asomas
y una sincera admiración arrancas,
pues parecen un grupo de palomas
sobre la yerba tus casitas blancas.

Haces pensar en versos de Virgilio,
en un jardín de Arcadia, y en alguna
felicidad de un perfumado idilio
al fulgor misterioso de la luna.

Soñé en tu seno una quimera triste
y en la alta noche recorrer me viste
el florido gramal de tus senderos,

y volar el ideal que mi alma encierra
de la paz inestable de la tierra
al azul constelado de luceros.

MANTO

¡Oh pueblo de perenne primavera
por armonioso río acariciado,
desde el tiempo remoto del pasado
paz conventual en tu recinto impera!

El sol en tus campiñas reverbera,
flores azules crecen en tu prado
y tu nocturno cielo constelado
propicio es al ensueño y la quimera.

Quién, sin dudas ni penas vejetara
al rumor de tus vientos adormido
y en tu silencio del amor gozara!

Número más en tu sencilla gente,
mirando deslizarse en dulce olvido
la vida como canta en su corriente.

CAMPAMENTO

Entre el verdor del monte, Campamento
reposa en el silencio del paisaje
y en el día monótono del viaje
el cansancio tenaz calma un momento.

Recostado en la hamaca de cabuya
que me ofrecieran en la casa amiga
sin sentir el calor ni la fatiga
una memoria de pasión me arrulla.

En ese corredor nos encontramos
en una noche del abril remoto
y en la sombra en silencio nos besamos.
¡Ese recuerdo abrió la antigua herida.
Miro sin ella el porvenir ignoto
y me hundo en la tristeza de la vida!

LOS PINARES

En el vasto paisaje cristalino
desafiando a los cielos se levantan
sobre el áspero cerro blanquecino
los perfumados árboles que cantan.

Cálido viento agita sus morriones
de forma grácil y verdor profundo
y en sus cumbres que azotan los ciclones
teje su nido el pájaro errabundo.

En el vago horizonte que se pierde
a la luz de la ignota lejanía
cambia el matiz de su follaje verde,

e iluminan los ojos de sorpresa
los tonos de su insólita harmonía
de zafir, lapislázuli y turquesa.

LOS VENADOS

Oculto entre los pardos pajonales,
ebrio de sol, y la escopeta al hombro,
vi de improviso, con alegre asombro,
dos venados surgir de los maizales.

Con el ojo encendido y la lustrosa
piel, y las agudas ramazones
de los cuernos, la cola temblorosa
y los ágiles cascos retozones,

Acercarse los vi, libres de alarma,
mordiendo las mazorcas tempraneras.
En silencio fugaz requerí el arma,

del más joven tumbé los cuernos altos
mientras el otro se sumió en las eras
de tres nerviosos y terribles saltos.

SELVA OLANCHANA

Asombro causa la potente flora
que entre la húmeda sombra se derrama
en la selva vastísima y sonora
que el soplo eterno de la vida inflama

Cual colosal ejército en reposo
formando por doquier grupos informes
aparece a la vista el poderoso
conjunto de los árboles enormes.

El viento vibra su profunda orquesta
entre el ramaje pródigo en matices
en la gloria feraz de la floresta.

Pólenes en revuelos errabundos
resurgen sin cesar, y en las raíces
brotan pálidos gérmenes fecundos.

LOS ALCARAVANES

Vuelan sobre el verdor de la sabana
con torpes alas que el cansancio oprime
mientras el viento de la tarde gime
y el sol tramonta en la extensión lejana.

Persiguen sin cesar a la indefensa
culebra que se oculta en los gramales
o inmóviles calientan los nidales
en un rincón de la llanura inmensa.

Del espeso follaje en la verdura
juntos dormitan en la noche obscura
del cruel invierno en las glaciales horas;

y el fulgor de las lunas de verano
perturban, anunciando las auroras,
sus altos gritos la inquietud del llano.

LOS COYOLARES

En los fértiles bosques olanchanos
peinados por el céfiro sonoro,
muestran —en la aridez de los veranos—
los coyolares sus racimos de oro.

Erizados de fúlgidas espinas
abren al sol sus palmas de verdores,
desgranando, en las horas vespertinas,
lluvias ligeras de fragantes flores.

Con el hacha vibrante el hombre arroja
al vegetal sobre la dura tierra;
de inútiles ramajes le despoja.

> Y en el una oquedad abre su daga
> y el delicioso líquido que encierra
> con dulce ardor su corazón embriaga.

Y así van desfilando los himnos de Froylán Turcios a la naturaleza y a las gentes de su región olanchana en su poemario Tierra Maternal. Solo citaremos algunos: Muchacha campesina, Pájaros del crepúsculo, Río natal, Días pretéritos, En la montaña, Valle de Lepaguare, Río Guayape, Juticalpa.

En cuanto a los relatos del mismo libro contenidos en la parte titulada Episodios de mi tierra, en su mayoría cuentos crueles, revelan la fuerza narrativa del escritor.

La primera edición de Tierra Maternal que apareció cuando el poeta era muy joven y algunos ejemplares llegaron a Francia, varias revistas parisienses elogiaron la obra y saludaron al autor por la novedad de su arte.

Los franceses ya se estaban cansando de los exotismos del Oriente, y querían cosas de América, particularmente de la América Latina, como las contenidas en Tierra Maternal.

FLORES DE ALMENDRO

A BAUDELAIRE

Satánico poeta, permíteme que abra
cual si abriese tu espíritu, las páginas fatales
donde va la teoría de tus fúnebres males
en el himno sonoro de tu ardiente palabra.

Tu polífona frase en el tormento labra
exóticos zafiros y pálidos corales:
forjan tus manos blancas venenosos metales
y tu risa es gemido y tu mueca macabra.

Derrama llanto y sangre tu insólita poesía.
Hieres con tu sarcasmo, matas con tu ironía,
y un doloroso tedio tu corazón consume.

Tus sueños son mandrágoras en que anidan serpientes.
Mas exhalan tus rimas profundas y dolientes
de rosas y mujeres un cálido perfume.

EL SEÑOR DE PHOCAS

Parece hijo de un Borgia refinado y perverso,
flexible y elegante, de enérgico perfil.
Resurge de su boca un satánico verso
y exorna un brazalete su puño de marfil.

Sus ojos amadores del ensueño nocturno
persiguen un enigma pavoroso y fatal.
y su frío semblante, mórbido y taciturno,
evoca los abismos y las flores del Mal.

El traje verde—mirto le da un perfil exótico.
Es, en verdad, un príncipe tiránico y neurótico,
que ama el dolor del sexo, y va tras la mujer,

lívido y angustiado, el espíritu lleno
de una pena sin nombre, de un extraño veneno,
que da un amor amargo y un fúnebre placer.

EN LOS INVALIDOS
(Napoleón)

El frío mármol cubre su corazón de acero.
Inmóviles rodéanle sus bravos mariscales.
Y entre banderas rotas y trofeos marciales
para siempre reposa el temible guerrero.

Más grande que los rudos paladines de Homero,
máximo entre los férreos varones inmortales,
deslumbró al Viejo Mundo con sus rojos ideales
y acataron los reyes su ademán altanero.

En piélagos de sangre convirtió las naciones
al formidable trueno de sus roncos cañones,
y en las vastas pirámides su nombre dejó escrito.

Le coronó la gloria de fulgurantes lumbres,
revoló como un águila sobre todas las cumbres.
Y hoy duerme en ese bloque de gélido granito.

A ESQUILO

¡Padre de la Tragedia, te saludo!
Vencedor de quimeras y vestiglos,
golpeó tu gloria con su fuerte escudo
la frente rutilante de los siglos.

Paladín de la Patria y de la Idea,
tu Genio y tu Valor fueron iguales.
¡Lauros de la Orestiada y de Platea
coronaron tus sienes inmortales!

Justo epitafio que grabó tu mano
de Gela por las fértiles llanuras
mostrará tu sepulcro al peregrino;

y tu verso profundo y sobrehumano
reflejará en las épocas futuras
su milenario resplandor divino.

SALOMÉ

Baila sobre el marmóreo pavimento
y su forma impecable y peregrina
en una leve ondulación divina
puebla de aromas el dormido viento.

Florece de pasión su movimiento,
sonríe de placer su faz divina,
y su trágico espíritu ilumina
el fulgor de un relámpago sangriento.

Entorna las pupilas soñadoras,
su cabellera fúlgida desata
y arrojando sus broches de amatista

ve al terminar sus danzas tentadoras
en una fuente de bruñida plata
la cárdena cabeza del Bautista.

CANCIÓN DEL VALLE BALSAMICO

Balsámico valle que vive en mi sueño
que aduermen las brisas y adorna una flor.
Regina se llama y es mi beleño,
la luz de mi vida, la flor de mi amor.

—Soy tuya—, me dice en su azul primavera
la rosa que tiembla en dorado pensil,
y mi alma te ofrenda su ilusión primera
y mi cuerpo virgen su hálito de abril.

Voz de los deseos en la cruel distancia
en mis negras noches gime de pasión.
Satura mis rimas su leve fragancia.
Cálida y sonora vibra mi canción.

Oh valle entrevisto en un sueño rosado,
guárdame el tesoro de mi blanca flor.
Iré a recogerlo en un día encantado
en la hora divina del último amor.

EN EL SEPULCRO DE MARIA BASHKIRTSEFF

Que perfume este ramo de violetas
de tu sepulcro el mármol amarillo
y vea tu alma en este don sencillo
el corazón de todos los poetas.

Porque diste tu gracia seductora
a los que riman su emoción arcana
y de todo el que sueña fuiste hermana
de los gráciles versos amadora.

Tus recuerdos sutiles no se esfuman
y tienen el encanto de esas flores
antiguas, que las páginas perfuman.

Y eternamente el alma del artista
ha de soñar —rimando sus amores—
con tus pálidos ojos de amatista.
París

***

Flores de Almendro es un poemario modernista —fijarse bien— modernista, que si empieza con una invocación a Baudelaire, es para señalar el meridiano en que se encuentra. Pero sin alcanzar la perfección anhelada, estos versos están presididos por el poeta de los afectos de Froylán Turcios, por Gabriel D'Annunzio, a quien consideraba el primer artista literario de los pueblos latinos, y a quien se refiere su poema.

SUPREMO ARTIFICE[1]

Oh rimador. Conoces
el alma de la Lira:
el milagro recóndito del verso
los profundos valores de las sílabas.

Sometes las palabras
a tu poder despótico.
Como diamantes fulgen los vocablos
en tu ritmo sonoro.

Tu mano milagrosa
forja el vibrante estoque florentino.
Y resplandecen misteriosas piedras
en la gama suprema de tu estilo.

Juegas con el sonido como juega
el malabar con su arco de colores.
Deslumbras con tu frase de relámpago

---

[1] Este poema ya lo habíamos reproducido en el capítulo de Esfinge. Pedimos disculpas. —MEJIA.

y su espíritu arrancas a las voces.
Te ofrendó su secreto
la portentosa musa de las cumbres,
que vive entre los vientos y las águilas,
viajera por las bóvedas azules.

Asciende por la escala luminosa,
oh domador del Pensamiento! Tienes
ante tu enorme gloria
el rayo y las montañas de laureles!

Va tu alma de lo ínfimo a los hondos
génesis de los soles errabundos:
desde las simples cosas al arcano
de los sagrados números

Sería difícil pensar que Gabriel D'Annunzio alcanzara un elogio mayor por un modernista de América, a pesar de haber tenido biógrafos de altas calidades como Gonzalo Zaldumbide, de El Ecuador.

CUENTOS DEL AMOR Y DE LA MUERTE

PAULINA

I

Ricardo N..., Armando de R..., y yo, llegamos a profesarnos un afecto excepcional en estos tiempos en que el egoísmo predomina sobre todas las manifestaciones del espíritu.

Era una amistad íntima, probada desde la infancia, la que llegó a unirnos indisolublemente: y jamás una leve sombra empañó aquel sentimiento fraternal.

Ricardo, el más joven, era un muchacho simpático, de mediana estatura, con una espléndida cabeza coronada de cabellos pardos. Silencioso, taciturno, poseía un espíritu elevado y exquisito.

Armando, de veinticinco años, alto, vigoroso, moreno, manifestaba llevar toda la audacia y la alegría de una juventud exuberante, acariciada por todos los vientos de la vida. Impulsivo, genial, apasionado, era un joven seductor, de cuyo encanto nadie podía evadirse.

Su presencia varonil se imponía desde el primer momento. Bajo su frente marmórea, sus límpidos ojos, de mirada profunda, brillaban apasionadamente. Sus labios, gruesos y rosados, sonreían de una manera peculiar. Sus cabellos —por un raro contraste— eran rubios, de un claro color de oro, y daban a su fisonomía un carácter de belleza singular y terrible.

Físicamente, nuestras naturalezas contrastaban en absoluto. Pero nuestros espíritus formaban una sola llama generosa, una sola energía, una sola fuerza. Compenetráronse de tal modo, que ya no fuimos, en verdad, sino tres cuerpos viviendo en una sola alma. Todo lo que hay de grande, de noble y de fuerte en el afecto que une a los hombres en la tierra, palpitaba con tal potencia en nuestros corazones, que juntos hubiéramos llegado sin temblar a la cumbre más alta del sacrificio y de la muerte.

II

Ricardo se casó con la encantadora Carlota G., de quien era locamente amado. El, a su vez, adoraba a aquella blanca beldad de cuerpo mórbido y esbelto, de gracia suave y arcana. Era uno de esos seres frágiles y tiernos nacidos para la felicidad y para llenar de luz y poesía la existencia de un hombre superior.

Así me lo dijo Ricardo algunos días después de su matrimonio. Era completamente dichoso. Todo sonreía a su paso. Todo parecía prometerle años fecundos de amorosa paz.

III

Mis negocios me obligaron a abandonar la patria para radicarme en una de las más florecientes repúblicas de Sur América.

Pasaban los años lentos y monótonos, como son siempre para el que vive lejos de su hogar.

Continuamente recibía noticias de mis amigos. Sus cartas me llegaban por todos los vapores, con una constancia que patentizaba la sinceridad de su afecto.

Pero de improviso aquellas manifestaciones fraternales se interrumpieron; y no fue sino mucho tiempo después de faltarme sus cartas que supe, por un periódico que llegó a mis manos al acaso, la muerte de Armando.

Fue para mi corazón un rudo golpe. Lloré a mi amigo con lágrimas del alma, y su recuerdo me obsesionó de tal modo, que caí enfermo y tuve que guardar cama por varios días.

Algunos meses después, otra amarga pena vino a herirme: la muerte de Carlota al dar a luz una niña.

Desde aquel instante, un pensamiento se grabó en mi cerebro, una idea se posesionó de todas mis facultades: la de ir a reunirme con Ricardo, el amigo doblemente infortunado, que había perdido casi al mismo tiempo, sus más grandes afecciones.

Pensé que mi cariño podría consolarle en su negro sueño, que en un hombre de su carácter debía durar hasta el sepulcro.

Pero obstáculos inesperados e insuperables me hicieron desistir de mi generoso proyecto.

IV

Pasaban los años, los años monótonos, los años interminables.

Al fin pude arreglar satisfactoriamente mis asuntos, y en una clara mañana de junio me embarqué en un vapor que hacía rumbo a las costas de mi patria.

Catorce años había durado mi ausencia. Mi familia y mis amigos conocidos del pueblo de T. .. no me reconocieron en el primer momento.

Después de las primeras alegrías del regreso, pregunté por Ricardo.

Vivía fuera de la población, en una hacienda, con su hija. Desde la muerte de su mujer y de Armando, nadie le había visto salir de aquella casa, perdida en el corazón de las montañas. Su carácter taciturno se volvió sombrío y huraño. Entregado a la lectura y a la educación de su hija, pasaba oscuramente la vida, olvidado del mundo.

Tomados estos informes, partí al siguiente día hacia la residencia de mi amigo.

Caminé, durante varias horas por la falta escarpada de la cordillera. A la caída de la tarde vi a lo lejos, en una verde hondonada, blanquear la casa a donde me dirigía.

Llegué a ella muy entrada la noche. Un sirviente salió a abrirme. No quise darle mi nombre, para gozar de la sorpresa de Ricardo, que nada sabía de mi viaje.

Fui introducido en un salón amueblado con sencilla elegancia.

Luego apareció ante mí el dueño de la casa. Le vi avanzar y tenderme la mano con fría cordialidad.

Mi corazón saltaba dentro del pecho. No pude contenerme más.

— ¡Cómo! ¿No me conoces? —le dije.

El me miró largamente con la expresión de quien recuerda algo muy lejano. De pronto un relámpago pasó por sus ojos, iluminando todo su rostro.

—¿Eres tú, Mauricio? —exclamó como si soñara— ¡Ah querido, querido amigo!

Y nos confundimos en un abrazo, hondamente emocionados.

Luego, más tranquilos, hablamos largo rato de las cosas antiguas, borradas casi de nuestra memoria. Viéndole aun presa de una fuerte impresión y notando que parecía eludir toda remembranza relativa a su mujer y a nuestro hermano muerto, no dije una palabra acerca de ellos, para no hacer sangrar heridas que quizá estuvieran mal cerradas.

Muy tarde me retiré a la habitación que me había destinado. Las violentas sensaciones porque acababa de pasar me impidieron dormir.

Me levanté a la hora del alba y me puse a recorrer los alrededores de la hacienda. Estaba situada en un amplio paisaje, rodeada de altas montañas. El sol doraba las cumbres con sus primeras claridades. Por todas partes se notaba el poder de los gérmenes en la tierra fecunda. Hálitos de vegetación lujuriosa vagaban por el ambiente, y del cielo azulado parecía descender una calma infinita.

Hasta que, dos horas más tarde, me encontré con Ricardo en el salón de la casa. Comprendí todos los estragos que el tiempo y el dolor pueden hacer en la naturaleza del hombre.

La noche anterior, a la indecisa luz de una lámpara, no pude observar la decadencia física de mi amigo.

Ahora lo tenía frente a mí y no daba crédito a mis ojos. Ricardo, que apenas contaría treinta y cinco años, era un anciano. Su cuerpo encorvado, su cabeza encanecida, su rostro amarillento cubierto de arrugas, me conmovieron hasta el fondo del alma.

—¿Me encuentras muy viejo, verdad? —me preguntó al notar mi sorpresa— ¡Ah querido Mauricio! Es que he apurado la hiel de la vida hasta no dejar un gota. Por mi espíritu han pasado todos los dolores de la tierra. Llevo dentro de mí el cadáver de mi alma y arrastro mi cuerpo como si fuera un andrajo. He agotado de tal manera el raudal de mis lágrimas, que ya mis ojos sólo podrían llorar sangre. No sé como estoy vivo todavía. El dolor me ha petrificado. Te asombras de ver mi cabello casi blanco y mi semblante marchito. .. ¡Y si pudieras ver mi espíritu!

Se ha hecho dentro de mí un vacío tan tremendo, que a veces mi pensamiento, al tratar de medirlo, ha sentido el vértigo de los abismos. Mi pasado me acosa como un espectro implacable. Siendo inocente, el fantasma de mi propio dueño me cubre con su sombra trágica y expío el crimen de que yo mismo fui víctima. El dolor, como un cuervo famélico, me ha devorado el corazón, pero en mi cerebro las ideas y los recuerdos continúan su obra lenta y terrible. Y aquí me tienes sufriendo de un mal espantoso: del asco de la vida. La felicidad, no existe, Mauricio. Todo es engaño y mentira.. ¡El amor! ¡La amistad...1 El destino encierra en esas palabras una amarga ironía y se venga duramente de los crédulos. Yo he sido uno de ellos; y heme aquí expiando mi fe en la amistad y en el amor.

Yo le oía hablar, mudo de asombro, penosamente sorprendido de sus palabras.

—¿Y Carlota? —le irrumpí de pronto—. ¿Y Armando? ¿Cómo hablas así de las cosas del alma, después de haber poseído la ternura de aquellos nobles espíritus?

Él sonrió espantosamente.

Con un acento que no era humano, con un gesto único de ira y de piedad, dejó caer en mi corazón este horrible secreto:

—En sus últimos momentos me confesó Carlota que Armando era el padre de la niña que le costaba la vida.

Y como viera que yo, sobrecogido de horror, dudara de sus palabras, creyéndole loco, levantose, y acercándose a la puerta, llamó:

— ¡Paulina!

Transcurrieron algunos minutos de angustioso silencio. Una niña de diez años, maravillosamente bella, penetró en el salón y avanzó hacia nosotros sonriendo.

Yo no puede contener un grito. La semejanza era tan asombrosa, que no dejaba lugar a dudas.

¡Si! Aquellos eran los límpidos ojos de mirada profunda, la frente marmórea, la sonrisa inolvidable, el matiz extraño de los cabellos, el aire de seducción y de gracia de Armando de Rostanges.

EL HIMNO EMBRIAGADOR

Rememoro siempre, con extraña ternura, un viaje que hice, cuando tenía catorce años, al pueblo de Culmí, a tres jornadas de Juticalpa, en dirección del Atlántico.

Varias señoras, que iban en romería a visitar al Cristo de aquel lugar remoto, me invitaron para que las acompañara; y acepté en el acto, pues con ellas iría también una jovencita, cuyo nombre, entre los más aterciopelados adjetivos, figuraba como una letanía suspirante, en cada página de mis cuadernos de versos.

Se llamaba Lucila, y sus grandes ojos claros eran como estrellas pensativas. Yo la quería con ese transparente amor de la adolescencia que perfuma el alma, errabunda en los nocturnos jardines de la primera ilusión. Soñaba lánguidamente con sus besos, con sus largos abrazos, con el tenue olor de su seno florido. Era mi obsesión pertinaz, el imán de mis deseos, el sol de mis días obscuros. Saturado de un mórbido romanticismo, encontraban en ella la íntima y pudorosa gracia de María, la imposible novia con que Isaacs idealizó la tierra caucana.

II

En el tercer día de viaje, cuando atravesábamos la extensa avenida de un bosque secular, Lucila exclamó de pronto:

— ¡Qué linda flor!

—¿Dónde? —le pregunté ávidamente.

—Allá, en la cumbre de ese árbol altísimo.

Y señalaba la copa de un enorme guapinol, de la que profundamente colgaban racimos de verdes parásitas.

Miré... y vi la flor temblando en el aire. Era una preciosa orquídea oro, plata y violeta— encendida bajo el sol.

Verla y saltar del caballo fue cosa de un segundo. Subi ágilmente por el árbol, entre los agudos gritos de las mujeres, que me suplicaban, con exclamaciones de terror, que desistiera de mi propósito.

—Por el amor de Dios, bájese, Froylán —rogaba Lucila— cuando ya iba por las ramazones tupidas.

— Recuerde que el guapinol es muy quebradizo y que nadie puede llegar hasta su copa. ¡Bájese! Todas se lo pedimos. ¡Se va a matar. Froylán!

Pero yo no hacía caso de las voces implorantes, y obstinado, y despreciando el peligro, subí, subí, sin importarme el continuo crujir de las ramas frágiles en que ponía los pies.

Subí, subí sin descanso, recto hacia el objeto apetecido; subí, con esa metálica energía, con esa indomable y tenaz voluntad que me impulsan, imperativamente, en los minutos supremos, haciéndome triunfar en las más arduas empresas. Llegué tan alto, tan alto, que logré levantar la cabeza por encima del obscuro follaje en que terminaba el árbol gigantesco.

Entonces, con el corazón resonante, ebrio de orgullo, disparé en el vacío mi revólver en señal de victoria.

Y mientras desde aquella insólita altura contemplaba el vasto paisaje luminoso, agitando en la diestra la linda parásita, oía, como un himno ardiente, como un cálido grito de amor, como el canto inefable de una lejana tierra de ilusión, mi nombre, sin cesar repetido por la vocecita adorada:

—¡Froylán! ¡Froylán!

LA PASAJERA DE LOS OJOS VERDES

Vibró el vapor, en el claro día, a la llegada de la pasajera de los ojos verdes. Su exótica elegancia felina atrajo la mórbida curiosidad de las mujeres y despertó ciegamente en los hombres el deseo atormentador. Era alta y grácil, ejemplar magnífico de una raza que asombró a los siglos con singulares acciones de hermosura y de fuerza. Vestía un extraño traje gris bajo el cual ondulaba su cuerpo serpenteando. Toda iba de gris, desde el velo ligero hasta las botas y las medias, que ceñían sus redondas pantorrillas y que transparentaban su carne morena. Parecía una adolescente con su rostro pálido, su mano menuda y su boca encendida. Sólo sus ojos inmensos verde—obscuros como los de las sirenas, ardían como dos diabólicos fuegos de pecado, bajo las sombrías cejas, entre las pestañas rizadas y largas. Sus ojos eran así, y su andar de maleficio; lento y voluptuoso, evocador de la amarga lujuria de ciertos versos exóticos de Baudelaire en que se aspira un perfume lacerante que hace llorar de amor y de inútil deseo.

Pasó fugazmente como una caliente forma del Mal formidable, y a la vez tan doloroso y tan dulce. ¿Su nombre? Nadie lo supo. Recorría el mundo divirtiendo la estupidez humana con algunos animales amaestrados, apareciendo ella misma en los escenarios, completamente desnuda dentro del agua contenida en un inmenso globo de cristal.

Sintiéndose deseada y admirada por todo el pasaje, rió y bromeó, y bebió con todos whisky and soda, cocktails complicados y cervezas frías. Rió y sonrió y bebió hasta con los mudos por el desconocimiento del inglés. Sólo a las mujeres no se dignó mirar.

Al día siguiente de anclar el vapor, ella se embarcó en otro, rumbo al sur de América, Y a lo largo de los tiempos se verá sobre la cubierta de los buques, en las lejanas latitudes, su bella figura pecaminosa, ondulando vestida de gris, o de verde, o de azul, entre los atormentados deseos de los hombres.

UN GAÑÁN

Llegó a un vetusto pueblo centroamericano un yanqui rudo de carácter pugnaz y quien todos temían por su fuerza hercúlea. Acostumbrado a finalizar a puntapiés cualquier discusión, eran muchos los agraviados por su violenta acometividad.

—Es un bruto, una bestia salvaje— decían en voz baja las gentes. De un puñetazo mataría a un toro.

Y sabedor del miedo que inspiraba, volvíase cada vez más insolente.

Grueso, bajo, de ojos saltones en una cara redonda, sin bigote ni barba; erguida la hirsuta cabeza y en la diestra un látigo de capataz, cruzaba lentamente las calles en perpetua actitud de desafío.

A todos amedrentaba su áspero acento y su risa burlona; para todos tenía un ácido vocablo o un gesto desdeñoso.

Y sucedió que este gañán iracundo, rico y ocioso, dio en perseguir, con ardor de brama, a una guapísima muchacha, cuyo novio viajaba por Europa.

A pesar de las continuas repulsas, el bárbaro obstinose en su aventura y no omitió ningún medio para darle cima. Pero todo fue inútil, pues sólo cosechó frialdad y desdén.

El inesperado regreso del novio exasperó la pasión del jayán, quien, encendido en celos, juró mil veces vengarse en su rival, importándole toda clase de ridículas humillaciones.

Era éste un joven de corta estatura y aspecto enfermizo; pero con uno de esos espíritus forjados en los metales heroicos.

En la tarde apacible de un domingo, cuando los novios se paseaban en el parque provinciano, apareció de improviso el matasiete con aire altanero, procurando atraer la atención de los circunstantes.

Dirigióse con despectiva sonrisa hacia la infeliz pareja, y al pasar junto a ella, de un rápido revés echó por el aire el sombrero de su rival, volviéndose con el látigo levantado.

Pero en el preciso segundo de ese movimiento un tiro en medio de las cejas le hizo rodar por el polvo.

LA MEJOR LIMOSNA

Horrendo espanto produjo en la región el mísero leproso.

Apareció súbitamente, calcinado y carcomido, envuelto en sus harapos húmedos de sangre, con su ácido olor podredumbre.

Rechazado a latigazos de las aldeas y viviendas campesinas; perseguido brutalmente, como perro hidrófobo, por jaurías de crueles muchachos, arrastrábase, moribundo de hambre y de sed, bajo los soles de fuego, sobre los ardientes arenales, con los podridos pies llenos de gusanos.

Así anduvo meses y meses vil carroña humana hartándose de estiércoles y abrevándose en los fangales de los cerdos, cada día más horrible, más execrable, más ignominioso.

II

El siniestro Manco Mena, recién salido de la cárcel donde purgó su vigésimo asesinato, constituía otro motivo de terror en la comarca, azotada de pronto por furiosos temporales. Llovía sin cesar a torrentes; frenéticos huracanes barrían las plantaciones y las olas atlánticas reventaban sobre la playa con ásperos estruendos.

En una de aquellas pavorosas noches el temible criminal leía en su cuarto, a la luz de una lámpara, un viejo libro de trágicas aventuras, cuando sonaron en su puerta tres violentos golpes.

De un puntapié zafó la gruesa tranca, apareciendo en el umbral con el pesado revólver en la diestra.

En la faja de claridad que se alargó hacia afuera vio al leproso destilando cieno, con los ojos como ascuas en las cuencas áridas, el mentón en carne viva, las manos implorantes:

— ¡Una limosna! —gritó—. ¡Tengo hambre! ¡Me muero de hambre!

Sobrehumana piedad asaltó el corazón del bandolero:

El Manco le tendió muerto de un tiro, exclamando:

—Es la mejor limosna que puedo darte!

"Cuentos de Amor y de la Muerte" es un libro de numerosos relatos, del que tomamos los que se publican, sin considerar que nos proponemos ofrecer una antología. Sólo queremos demostrar que Froylán Turcios sabía hacer cuentos, era un cuentista de la estética imperante en su tiempo.

EL VAMPIRO (Novela)

VII

Un día en que hojeaba un volumen ilustrado oí al Padre Félix que decía a mi madre en la estancia contigua:

—Y ese chicuelo duerme cerca de Luz?

—Sí, en el siguiente cuarto.

—Pues hoy mismo deberá arreglársele otra habitación.

No es conveniente que estos niños tan precoces duerman el uno junto al otro.

Aquella noche trasladaron mi pequeño catre de hierro a una alcoba de cortinones azules, que el gran salón separaba de la de mi prima.

VIII

El Padre Félix convirtióse en mi tenaz enemigo. Visitábanos dos veces por día, en la mañana y en la noche, y yo entonces no puede comprender por qué me miraba con tan terrible cólera. Una vez, en el oratorio, me amenazó con un fuerte castigo por no sé qué crimen imaginario, y me ordenó, con voz ronca y agrio gesto, que fuera a confesarme, obligando a mi madre a que me enviara a la iglesia al día siguiente. Fui, en efecto; pero no me confesé con él, sino con el Padre Gregorio, un simpático viejecillo muy afectuoso con los niños. Mi perseguidor se enfureció; pero yo no cedí, y su odio fue en aumento. Cuando nos encontraba a Luz y a mí corriendo por el hermoso jardín, poníase color de ceniza, y una espuma amarilla manchaba su boca de labios delgados, llenos de pústulas y grietas violáceas. Por mi parte, también lo odiaba, viéndole tan hostil y despótico, y meditaba contra él feroces venganzas.

IX

Mi madre ordenó a Luz que se confesara dos veces por semana con el Padre Félix; Resistióse, oponiendo sus lágrimas a aquel mandato; pero , por la primera vez, fue rechazada secamente.

Desde el primer sábado en que concurrió a la iglesia de San José, el melancólico carácter de mi prima volvióse taciturno. Asombraba a Edwig por su febril dedicación al estudio. Hizo tan rápidos progresos en el canto que tuve que multiplicar mis esfuerzos para no quedarme rezagado. El día de la confesión poníase lúgubre y apenas hablaba. Yo la interrogué vanamente para que me dijera su pesar. Su obstinado silencio me resintió y no volví a hacerle ninguna pregunta. Sin embargo, yo sufría atrozmente cuando oía a mi madre levantar la voz alterada para obligar a Luz a que fuera a la iglesia.

X

Llegó el mes de agosto y yo cumplí catorce años. Celebróse en casa este acontecimiento íntimo y algunos amigos de mamá, después de la comida, reuniéronse en el salón. En aquellas horas Luz me miró como a un extraño. Permaneció sentada entre Edwig y un rubicundo muchachito alemán que le enseñaba una carterita de terciopelo llena de muñecos y esbozos de animales absurdos. Ella parecía admirar el talento del pintor, que le sonreía con aire amoroso. En pie, cerca de una butaca en que una gruesa señora dormía, mirábame yo, orgullosamente, en el espejo comparándome con el caballero que fue mi abuelo. Así, con mi traje magnífico de paño azul, antojábaseme más seguro el parecido, pero tal satisfacción de mi pueril vanidad no impidió que, al mirar nuevamente a Luz, tan interesada en el dibujo del alemán, mis ojos desdeñosos empezaron derramar un raudal de lágrimas.

¿Lo vio ella o no lo comprendió? Cuando alcé la cabeza estaba ya a mi lado, hablándome tiernamente. Me condujo al corredor y ahí besó mis cabellos y enjugó mi llanto con su pañuelo de seda olorosa a jazmines. No volvió a separarse de mí y me consideré feliz como nunca. Sólo cuando ya todos se hubieron retirado del salón, y en el momento en que me dirigía a mi cuarto, pasó junto a mí una sombra rápida, que asiéndome de una oreja, tiró de ella brutalmente. Sofoqué un grito y busqué a tientas a mi cobarde agresor. Sentí un vago ruido, semejante al rumor de las alas de un buitre y luego el golpe del zaguán al cerrarse.

En la tarde siguiente, mientras ensayábamos un trozo de la Gioconda, cayó Luz desvanecida en brazos de Edwig. El doctor Sáenz, que la examinó poco después, dijo que se trataba de una ligera indisposición cerebral, y que la fiebre cedería pronto.

A las nueve de aquella noche mi madre dormía en un extremo de la estancia v yo me hallaba sentado a su cabecera. Tenía entre mis manos una de las de Luz, pálida y ardiente; y contemplaba su rostro querido, inmóvil sobre la almohada, con los labios entreabiertos y los cabellos en desorden.

Repentinamente, en el silencio, resonaron dos fuertes golpes en el portón. Luz abrió los ojos, estremeciéndose.

—¡Es él! —exclamó junto a mi oído con voz sorda—. Toma el crucifijo de marfil que está sobre la mesa y no le dejes entrar. ¡Échale, Rogerio! ¡Eres inocente y puro y puedes hacerlo! ¡Arrójale para siempre de esta casa!

Yo me levanté, sin comprender apenas, e hice lo que me decía. Al atravesar la puerta tuve la segura intuición de que algo misterioso y terrible pasaba en mí, a mi alrededor, y fuera de la vida. Avancé lentamente y quedéme a dos pasos del zaguán, escuchando.

En la calle reinaba la obscuridad. .. Oí un ruido áspero y cavernoso como un estertor de agonizante.

En un rápido ímpetu abrí el ancho portón, y el Padre Félix apareció en el umbral. El viento inflaba su capa negra, que hacia los costados se extendía como dos alas siniestras; y su peludo sombrero, del color de su rostro, semejaba un repugnante pliegue membranoso sobre el cráneo.

Miróme con extravío un segundo y dio un paso.

— ¡Atrás, Lucifer!—grité, presentándole el Cristo—.

¡Atrás, malvado! ¡Fuera! ¡Fuera!

El fraile se rio de una manera espantosa, y, retrocediendo, salió del umbral. Entonces yo, dominado por un interno impulso, avancé contra él violentamente, con el crucifijo en alto, pronunciando terribles palabras. El continuó huyendo, dando increíbles saltos hacia atrás…

Pavorosamente la capa se partió en dos partes, y vi que el maldito se alejaba por la calle negra sin tocar el suelo.

PÁGINAS DEL AYER

DIGNIDAD CÍVICA

Floreció en remotos tiempos un país admirable. Pequeño por su dimensión geográfica, pero grande por sus virtudes patricias.

Un poderoso imperio pirata, que asoló el planeta, y que tendía su formidable red invasora desde el piélago ártico hasta las riberas legendarias del mar latino, invadió súbitamente con sus terribles legiones el pródigo paisecillo de los valles balsámicos y de los hombres libres.

Armado de todas armas, con la grosera altanería propia de su raza, llegó el conquistador a la capital, sumida en solemne silencio, y clavó su orgulloso estandarte en el más elevado de los edificios públicos. Casi al mismo tiempo se alzó un pabellón de luto sobre cada puerta, hasta la más humilde; y toda la ciudad se cubrió así de duelo, como si la muerte tendiera las alas sobre su recinto.

Nunca sus moradores cruzaron una palabra, ni un saludo, ni una mirada con los extranjeros. Las matronas y las doncellas, por espontáneo impulso, ocultáronse en el interior de sus mansiones; los niños y los ancianos rehuían la presencia del invasor, y hasta los perros aullaban coléricos cuando el intruso les tendía la mano. Desaparecieron en las montañas los campesinos y el país entero tomó un aspecto de horror y desolación.

Agotáronse inútilmente las órdenes drásticas contra la altivez silenciosa de aquel pueblo; se levantaron los negros Patíbulos, corrió en rojos ríos la sangre generosa; y nunca se oyó una queja, ni un lamento, ni un grito demandando piedad.

Pasaron laS horas tremendas y el civismo de la austera república se fortalecía y brillaba más y más con el propio ejemplo. Cada ciudadano, en la serena plenitud de la más noble emulación, se sobrepasaba a sí mismo en actos de sublime sencillez.

Y un día —celebrado después en los siglos con imperecedero esplendor— el ejército del vasto imperio, vencido por aquella altísima actitud de patrio orgullo y prócer dignidad, abandonó en grave silencio, con las banderas recogidas, los campos y las ciudades del pequeño país y cruzó sus fronteras para no volver jamás.

JOSÉ ANTONIO DOMÍNGUEZ

I. Jamás el infortunio se encarnizó sobre un alma con mayor vehemencia. Un aleve destino implacable entenebreció su visión de la vida y le hizo desear la muerte. Sin fe, sin ideales, presa de un tedio tenaz, sin gozar siquiera de la suave melancolía de un recuerdo de amor; árido de espíritu, sin un deseo físico, sin vislumbrar una esperanza, era en la época última de su existir inconsolable, algo así como un cadáver que se moviera por el poder de un secreto galvanismo. El, que a nadie amaba, no creía en el afecto de nadie. Juzgábase, con toda verdad, un ser lamentable venido al mundo solo para conocer el sufrimiento. Su cerebro poblábase de crueles visiones y todo ante sus ojos revestíase de una forma dolorosa. Refractario, por educación y por idiosincrasia, a toda vulgar expresión de placer, refugiábase, desesperadamente, en su mundo interior, desolado como una estepa, frio como una lápida. Yo le vi languidecer durante un año, inmovilizado casi siempre sobre su lecho, con los ojos cerrados, como un muerto en su ataúd. En vano mi juventud impetuosa y ardiente procuró levantar su ánimo hasta las cosas hermosas y brillantes de la vida. Lograba en ocasiones hacerle vibrar un minuto, en que su ser lúgubre se expandía extrañamente. Era entonces como un pequeñuelo a quien un juguete extravagante enloquece de gozo. Pero aquellas ráfagas de ilusión tenían el brillo de un relámpago o la llama fugaz de los fuegos fatuos. Caía, en seguida, en un silencio obstinado y atormentador: y su natural desconfianza convertíase en hostilidad hacia los seres y las cosas. Era un condenado del dolor, que dudó de todo, y para quien la vida no fue sino un castigo tan duro y terrible como inmerecido La existencia, aún para los seres infelices, tiene, a veces. sonrisas inesperadas y arcanas alegrías. Ved al triste, en un día dulce, descansar sobre el césped de oro, y perfumar sus labios con el beso de una fresca boca. Mírasele sonreír un día, con el alma plena de música, con la sangre cálida de amoroso deseo... Pero para Domínguez fue una túnica ardiente erizada de cactus venenosos: un desierto calcinante y monótono, blanco de sol, blanco de arenas. ¿Encontró en él, alguna vez, la frescura de las verdes palmas y el agua de los oasis? Jamás. ¡Vio siquiera, en un fulgurante espejismo, la visión de la tierra prometida! Jamás. Apenas, si en su visionario claror de luna, miré dibujarse en su fantasía, en la que habitaba la Quimera, la silueta inmóvil y misteriosa de la Esfinge.

II. ¿De qué profunda raíz de mi ser; de qué arcano pliegue de mi espíritu, surge esa piedad intensa y misteriosa que me atrae hacia los poetas suicidas? ¿Será un fatal impulso o una atracción morbosa?

Gerardo de Nerval fue el primero que perturbó mi ánimo en una tarde sombría en que, a través de unas hondas páginas musicales de Gauthier, vi pasar la sombra del extravagante y maravilloso artista que se ahorcó con una liga de la reina de Saba.

En una negra noche del crudo invierno del 99, leímos juntos, Domínguez y yo, algunos raros poemas, entre ellos Belkiss, del genial lusitano Eugenio de Castro.

—Creo —me dijo con su opaca voz el taciturno compañero— que a Nerval lo mató su trágica obsesión amorosa por la grácil reina muerta hace miles de años.

—Pudiera ser...—le contesté—. En ciertos espíritus refinados ejerce una fatal fascinación el recuerdo de algunas incomparables beldades que la Historia o la Leyenda rodean de un prestigio alucinante. Es esta una de las múltiples formas de lo Imposible, sin el cual, en las almas selectas no podría existir la ilusión. Sin que yo trate, en manera alguna, de penetrar en el vasto circulo de los grandes espíritus, he sentido, en ocasiones, una ternura dolorosa por Salomé, la seductora victimaria de San Juan. La he visto bailar, incendiada de pedrerías, desnuda y divina, con los ojos lánguidos y la boca húmeda y roja como una herida. Jamás visión más cálida y pecaminosa ha cruzado por el espíritu de un poeta...

—Conozco ya en otras almas esas atracciones singulares que no son sino formas de nuevas tristezas. Sin embargo, yo desearía una atracción así... Desearía enamorarme de una beldad del sepulcro. Pero ¿qué digo? La misma muerte me atrae, y es muy posible que si ella no viene muy pronto a buscarme, yo iré a su encuentro…

***

En la primavera de 1904, cuando yo ¡cómo no decirlo! me sentía embriagado de una ventura sobrenatural, visité la tumba de Domínguez. Dos horas permanecí sentado sobre el tronco de un árbol, a un lado de la tierra que cubre al compañero infeliz. El cielo, de un pálido lapislázuli, refulgía intensamente. La tarde magnífica empezaba a caer. Grandes nubes sangrientas flotaban en el horizonte. Y grupos monótonos de pájaros parleros cruzaban sobre el viejo cementerio cubierto de hojarascas y de cardos. Todo vibraba y reía en la vasta naturaleza. En mi alma cantaban celestiales ruiseñores y en mi fantasía todas las imágenes revistiéronse de un insólito esplendor. Pero de improviso una pavorosa piedad invadió amargamente mi corazón, recordando al triste amigo en quien se clavaron implacables los más agudos cactus de la tierra. Rememoré nuestras horas íntimas en que su alma hermética se volvió para mi fraternal. Y pensé en su tremenda desventura, en la negra desolación de su ser, en sus días últimos espantables y tétricos. Medité en el armonioso vuelo de sus versos y en las frías brumas de su pensamiento y de su corazón.

JUAN RAMÓN MOLINA

Acaba de penetrar en el misterio solemne de la muerte un raro espíritu, que se lleva algo de mi propio ser y de mi pensamiento.

En verdad que mi afecto por este fraternal compañero era más profundo de lo que antes pensara y que su partida hacia el país de la sombra ha impresionado hondamente mi corazón.

La palabra no puede reflejar el matiz de ciertas emociones. Los estados íntimos del alma humana no podrán grabarse en un trozo de papel. El sutil estremecimiento, la conmoción recóndita se escapan, se esfuman al querer darles forma; y por eso hoy mi frase incolora no puede encerrar la tristeza lacerante que me domina, pensando en el gran poeta difunto.

Era un ser atormentado por las hostiles fuerzas de la vida, que nació bajo un signo funesto, para mirar las cosas grandes y resplandecientes. Su cerebración angular, que hizo de él uno de los mayores poetas del habla castellana, absorbió los tósigos de las más desconsoladoras filosofías y las heces de los más negros fastidios.

Apenas si de su amorosa selva de amor brotó, en alguna mañana de azur, un clavel de coral o un lirio de nieve. Las más agudas espinas se clavaron pertinazmente en sus plantas en el ácido sendero y conoció como ninguno la desolación de los hombres vencidos en la lucha diaria.

Nació mi amigo, indudablemente, en un día fatal. Le persiguió un hado adverso y su existencia fue de contrariedad y desventura. De un carácter reservado y taciturno, orgulloso por la seguridad de su valer, mostrábase hermético y frío, inaccesible al trato familiar. Eran en él extraordinarios un ademán cordial o una expresión cariñosa. Pues su temperamento grave, poco expansivo, no le permitía extremarse. Por eso no podré jamás olvidar las continuas demostraciones de su fraternidad.

Fue en una lejana tarde, en un paseo crepuscular por la mágica bahía de Río de Janeiro, que nos juramos una noble y sincera amistad. Recuerdo que él me insinuó ese deseo de una afección fuerte y alta tendiente a todo lo que se revistiera de poesía y de gloria.

—Seamos dos hermanos ligados por la inteligencia y por el corazón. Que sean mutuos nuestros dolores y nuestras esperanzas. Unámonos para luchar y vencer y tendamos hacia todas las cumbres las alas unánimes.

Y desde aquella hora fuimos amigos, en el sentido profundo de esta frase. Nada empañó nunca aquel afecto que el tiempo engrandecía fortaleciéndolo.

He aquí dos párrafos de una de sus últimas cartas. "Es bueno que sepas ahora que estás lejos que te quiero, no como amigo sino como hermano, de veras: hermano por la lira, por el arte, por el corazón, y hasta por la miserable gloria que hemos conquistado a la par. Si alguna vez nos hemos visto mal, por esa equivocación inherente a la naturaleza humana, cuando nuestro deber era juntarnos para ser más fuertes y salir victoriosos, ya que poseemos el mismo don de dolor, idéntica visión de arte y un talento igual, aquellas pequeñeces han sido olvidadas para siempre, cediendo el lugar a un campo que sólo matará la muerte".

***

"Tal vez antes no tuvimos del todo buenas relaciones, a causa de haber creído, en muy mala hora por cierto, que el uno podía estorbar al otro. Hombres formados ya, golpeados por la vida, desgraciados por diferentes motivos, aunque ambos víctimas de cierta Providencia fatal que persigue a las almas de selección, de un modo o de otro, hemos comprendido por fin que somos mitades de una misma entidad, que el uno completa al otro, que nuestros nombres vivirán unidos, y que resumimos una época literaria de nuestra patria, nada menos que los últimos cincuenta años. Recuerdo que una vez, moribundo de un negro mal, escribí una carta que nunca conociste, nombrándote testamentario de mis producciones. Esto te demostrará que siempre te he querido".

***

Yo conocí a fondo su extraño mundo interior, y sus fuertes torres de abismos de su yo; pero las dulces cosas eran tenues y se desvanecían y quedaba siempre abismos de su yo; pero las dulces cosas eran tenues y se desvanecías y quedaba siempre su alma náufraga en el amargo de la desilusión.

Conocí mejor que nadie, su concepto doloroso de la vida, su inquietud y su melancolía: y así pude apreciar su tedio incurable.

***

Y de improviso llega a mí la noticia de su muerte, rápida como un rayo. Nada sé aún de sus postreros momentos. Escribo estas líneas fugaces abrumado de pena. Cumpliendo su deseo, yo haré, al regresar a Honduras, una edición de su obra de arte, iniciándola con un estudio acerca de su personalidad. En él brillará, una vez más, el insólito fulgor de su cerebro y el vibrante metal de su producción. Haré conocer los cánones de su estética y su visión del arte futuro. Hoy sólo repetiré que fue un prosista sobrio, elegante y vigoroso y un poeta de primer orden, que dominó magistralmente su maravilloso instrumento. Poseyó la fuerza y la gracia. Y así voló como las águilas y cantó como los ruiseñores. En su lira vibraban el dolor y el amor, y era épica y bucólica y sabía de los epitalamios y de los responsos.

¿Qué secreto guardó para él la musa heroica que viste armadura y casco broncíneo? ¿Qué caricia le negó la musa amorosa de los ojos azules y de la risa de oro? El cortó las mil brillantes rosas en los jardines encantados de la fantasía; e hizo versos de una música profunda y de un férreo pensamiento. Versos magníficos, que honrarían a cualquier literatura y darían gloria a cualquier país. Versos de bronce y de terciopelo que son como sutiles melodías imponderables, como largos lirios mármoles, como luminosas cintas multicolores. Sus poemas de serena hermosura perpetuarán su memoria y los vientos del porvenir impulsarán su nombre hacia todos los horizontes.

Juan Ramón amaba las cosas trascendentales que llevan en sí un latido profundo de la humanidad. Tenía una vasta concepción de los misterios y sobrehumanas inquietudes que agitan las testas de los grandes pensadores, y gustábale sumergir su espíritu en el insondable mar de las abstracciones y de las quimeras. Los más arduos problemas científicos interesábanle extraordinariamente. Nutría su cerebro con lecturas selectas y pensaba que la ciencia y el arte deben unirse para producir obras definitivas y perdurables. De aquí su complejo saber y la rica variedad de su léxico. Labraba su estilo como se pule un medallón heráldico, con perseverancia de orfebre, lenta, fría, parsimoniosamente.

Y recordaba su trabajo el de Flaubert, obcecado y pertinaz sobre las páginas inmortales. Esto en las prosas y poesías de su predilección, pues con frecuencia daba a la imprenta manuscritos que sólo una vez había corregido. Así sucedió con los artículos que iban a las columnas de los diarios, a veces sin firma, triste labor anónima en la incesante persecución de la vil moneda, que todo lo bastardea y empequeñece, hasta el arte.

Su esfuerzo más personal y potente está en sus poemas, fulgurantes joyeles exornados de mágicas piedras preciosas. En ellos agotó la estupenda riqueza de su numen, en increíbles labores de lapidario que persigue lo infinito en una forma de absoluta belleza. Su palpitante inspiración más bien tendía a La noche de Miguel Ángel que a las minúsculas maravillas de Cellini. Los temas de sus inmensas exaltaciones cerebrales son siempre grandes y viriles y aspiran a abarcar cosas magníficas y fabulosas: no ya un gran trozo de mar sino todo el piélago sonoro; el deslumbramiento de una aurora boreal; el viento veloz que riza las selvas; el pesado galope de los elefantes; el rugir de los leones y de los huracanes; las voces todas del cielo y de la tierra y los sublimes y trágicos espectáculos que paralizan el alma y ponen rápidos escalofríos sobre la piel de los hombres. Aletazos de águila eran entonces sus versos que rubrican el espacio con ondulaciones resplandecientes.

Ansiaba conocerlo todo y compenetrarse con las eternas fuerzas ocultas que rigen sabiamente los destinos humanos.

Tendía hacia la altura el alma exaltada, ansioso de recoger un átomo de lo invisible. Las miradas de sus serenos ojos verdes se anegaban en la contemplación de los azules firmamentos, interrogativos y meditabundos. Era un ser ávido de sabiduría sideral y ciencia terrena, que buscaba, en largas noches de estudio, el vasto enigma del cosmo, o examinaba los élitros de un insecto y el cáliz de una flor; y que se avenía con los secretos de las esfinges. Por eso le interesaban primordialmente todas las formas móviles o inermes de la Naturaleza, procurando obtener de cada una de ellas un sentido simple o concreto que no estuviera reñido con la lógica de los hechos humanos.

Hace apenas dos meses paseábamos por los alrededores de San Salvador, en una tarde tórrida. Hablábamos de las cosas vistas, cambiando impresiones sobre los acontecimientos y sobre nuestro porvenir.

De pronto interrumpióse el rumbo de sus alegres ideas y me habló del presentimiento de su muerte.

—No creo en nada —me dijo—. Mi panteísmo me llevó en una época a una región ideológica cuya memoria me hace sonreír. No hay nada. Todo es polvo. Y ya siento ondular sobre mi cuerpo el gusano que me roerá en el sepulcro. ¿Recuerdas el gusano omnipotente de que habla Poe? Pues en ciertas noches su frialdad roza mi corazón... Sin embargo, si hay un más allá donde el espíritu se magnifica en una radiante atmósfera de perfumes, cuando yo muera buscaré tu espíritu y le haré un signo de reconocimiento.

¡Duerme en paz, hermano en la quimera y en la lira!

¡Duerme lejos de tus pinares sonoros! Descansa de la carga abrumadora de la existencia, de tu amargo tedio, de tu mal mental, del dolor de vivir y de pensar, bajo tus laureles noblemente ganados, húmedos de sangre y de lágrimas…

Mi espíritu no ha recibido del tuyo el signo de ultratumba... No lo ha recibido... Ni lo recibirá jamás.

En Guatemala, el día de difuntos de 1908.

LA SONRISA DE CÉSAR

¿De qué sirvió a Cicerón su insuperable elocuencia al apostrofar a Publio Claudio?

—Absolutamente de nada.

Aunque el asunto de que trató revestía excepcional importancia.

Publio, mancebo gallardo y valiente, se enamoró de Pompeya, esposa de Julio César, el vencedor de Farsalia.

Vestido de mujer Claudio penetró una noche en el palacio pretoriano, entre una turba de cantoras.

Pompeya, que era una damisela impúdica, le esperaba…

Al clarear el alba fue reconocido y echado a la calle a puntapiés, aunque él, se defendió como pudo de los furores de la servidumbre.

Se le acusó y fue absuelto.

A pesar del ataque verbal de Cicerón.

César, en tanto, sonreía…

LA FIGURA DE CRISTO

Eterna y seductora en su divina gracia, la figura de Cristo resplandece a través de veinte siglos.

En la más alta cumbre del espíritu humano elévase la cruz de su tormento. Su sangre fecundó la tierra, de la que brotaron los primordiales gérmenes de la Caridad y la Fraternidad.

El corrosivo dicterio nietzscheano no mancha con la espuma de su epilepsia la humilde túnica del inmortal galileo. Surge más armoniosa y pura su imagen de los volúmenes sacrílegos en que burlones blasfemos amontonaron ásperas piedras de calumnia y de insulto para levantar una torre de Babel sobre su recuerdo.

En vano, en vano la pedante sabiduría de uno que otro ególatra intenta borrar de las almas el amor para el Divino Maestro. Podrán atacar la interpretación posterior de su doctrina; pero la inicial bondad de su prédica, el oro celeste de sus parábolas, la mágica hermosura de sus actos, el ejemplo de su vida impecable, perfecta de magnanimidad y de abnegación fulgirán en los espíritus con luz imperecedera, a la que no alcanzará jamás el soplo efímero de sus detractores.

EMILIO ZOLA

En un féretro de mármol negro, o en una caja de roble o de sándalo, duerme en el Panteón el formidable pensador cuyo verbo milagroso resonó como un clarín profético en el corazón de la Humanidad.

Duerme Zola junto a Víctor Hugo. Y tal vecindad imponente, y tal póstumo homenaje patrio, no añaden una línea a su grandeza.

Porque él ascendió, como una joven águila a las cumbres divinas del pensamiento, y sondeó el mar profundo del espíritu humano, y conoció el amor y el dolor, en el obscuro antro dantesco.

Este atleta intelectual era pesado y ágil, severo y violento: múltiple en su fuerza, duro como el granito, flexible como el acero. De su pluma admirable brotaron el arrullo y el cántico, y el relámpago, y el trueno y el trueno y el huracán. Con su hacha demoledora devastó negras montañas de odios y de prejuicios y su mano piadosa roturó la tierra estéril y sembró en el erial el fecundo grano de la Verdad.

Varón magnánimo, antes que un escritor fue un apóstol y un héroe. Su trascendente obra social es más alta que su intensa labor literaria. Sus actos son más hermosos que sus palabras.

Altanero y frío ante el insulto, piadoso con el vencido, humilde con el mísero, fue su vida de combate y de análisis, de sombras y de lumbres, metódica en el hogar, impregnada de ensueño y de bondad.

Acosado por millones de enemigos, empuñó la pluma ecuánime como el guerrero empuña la espada, derrotándolos con la metálica rudeza de su dicterio, que era como un rápido puñal o como una gota de plomo derretido. Tal así como un león soberbio acosado por una jauría en el fondo de una selva africana, pasó en los meses memorables del affaire; y nunca más brillante victoria fue alcanzada con más arrojo y tenacidad. Porque ese triunfo era de la razón y el derecho, miserablemente pisoteados por una turba de fanáticos que enarbolaban la bandera del rencor y del escándalo.

Conocida es su noble actitud en ese oprobioso asunto, en el que se exhibieron lamentablemente tantos espíritus ruines. Una gran parte de la prensa del mundo arrojó a los cuatro vientos los soeces epigramas, y las sangrientas caricaturas, y las viles calumnias de que fue objeto. El epíteto venenoso llegó a su apogeo. La frase osciló como un látigo y tuvo contorsiones de víbora. Pero tales armas fueron inútiles contra aquel vigoroso paladín homérico que derribaba por centenares a sus adversarios con el golpe seco de su puño acerado.

Zola poseyó el soplo profético. Tuvo la amplia y luminosa visión. Tras el paisaje sin matiz y la lontananza incolora, vio la línea azul de los nuevos horizontes de la Humanidad. Marcó en sus profundos libros trascendentales los anchos derroteros de la civilización, señalando las cumbres y los abismos.

Su obra es como una pirámide majestuosa ante la cual tendrán que descubrirse las generaciones del mañana. Obra de altruismo levantada por un cíclope del pensamiento contemporáneo sobre la base inconmovible de una virtud sin ejemplo.

Zola fue un creador y un luchador. Un literato y un hombre de acción. Puso su potente cerebro y su corazón singular al servicio de sus semejantes, e impulsado por una energía sobrehumana, salvó estoicamente todos los obstáculos que sus enemigos opusieron a su paso.

Y la Francia de ayer, que le apostrofó cruelmente e insultó su cadáver, le ha llevado en hombros al Panteón, en un grave silencio expiatorio.

Francia será siempre la gran patria generosa espíritu excelso pasmará de asombro al mundo. Podrá equivocarse en un momento histórico. Podrá incurrir en error en una hora de perturbación social. Pero, tras el análisis sereno y el grito de protesta, ella reconocerá la injusticia y el error, y sobre el hacinamiento de embustes y de mentiras hará brillar la Verdad, levantando a la víctima inocente y coronándola de resplandores.

Y es que la Verdad se impone siempre, ya sea en el corazón del hombre o en la conciencia de un pueblo.

Y cuando ese pueblo es Francia, la rectificación reviste todo el carácter de una apoteosis.

Saludemos con motivo de este hermoso triunfo de la Justicia, la excelsitud del espíritu francés, el primero en la absoluta comprensión de los derechos humanos y en los audaces vuelos del Ideal.

Los libros de Zola son gráficas documentaciones que el historiador del siglo futuro revisará lentamente para orientarse en el estudio de una época. Son fragmentos palpitantes de la vida, tal como ella penetra por nuestros poros y se estremece en nuestras recónditas emociones. Su pluma pinta y cincela, Y, frecuentemente, se moja en lágrimas y en sangre, asombrándonos con esas insuperables exposiciones de las míseras clases proletarias que mueren de hambre y sed de justicia.

Hay páginas en esos volúmenes que obsesionan tenazmente por el supremo vigor del colorido, por la exactitud matemática de la observación y por la sutil psicología del detalle. Las cosas grandes y las cosas minúsculas aparecen en las pláticas fotográficas de sus descripciones con tan sobria realidad que el lector queda deslumbrado. El estilo cabrillea, la frase parece una lentejuela de plata herida por un rayo solar, y de su fondo brota el paisaje potente y preciso, como la chispa de la faceta del diamente. Sus palabras son estuches que contienen fúlgidas Piedras preciosas, pomos de lapislázuli colmados de perfumes embriagadores; y, a veces, cápsulas plenas de pólvora cálices de mandrágoras. Pero sus vocablos —ya encierren azúcares o sulfatos— tienen alma.

Poderoso estilo éste, revelador de una soberana potencia cerebral y de un profundo refinamiento estético que aunado con la grandiosa concepción de la imagen y del símbolo, y con el espíritu de verdad y lógico razonamiento, hizo de Zola un artista supremo, apto maravillosamente para medirse con los máximos maestros de las literaturas universales.

Duerme ya, en la fría cripta marmórea, como un dios en reposo, el más grande luchador y el más fuerte novelista de los ultimos tiempos.

Bajo la amplia rotonda magnífica del Panteón descansa el noble y valiente paladín, gloria de la Humanidad.

En vida le vencieron en ocasiones la ignorancia y el fanatismo; pero, como todas las almas insignes saturadas de infinito, a triunfado en la Muerte.

Emilio Zola es un sol que ilumina las conciencias y que no tendrá ocaso en los horizontes de la Historia.

Su figura portentosa irá creciendo a través de los siglos.

FEDERICO KRUPP

Férreo viejo armado de la fortuna, fúnebre fabricante de máquinas trágicas, frío matador de hombres: también tú has caído en la sima tenebrosa, bajo el rudo guantelete de la muerte.

El sangriento relámpago de tus fraguas pasa como un fragor siniestro sobre la humanidad: y el estruendo de tus formidables baterías ha hecho estremecer al mundo.

Los cien mil cañones salidos de tus fábricas —negros tubos de dolor y de terror— han derribado montañas de hombres y han cantado tu apoteosis con sus roncas voces de exterminio.

Supiste explotar a la muerte, a esa pálida enigmática que al fin llegó a cansarse de tu complicidad en su negra obra. Ella te enseñó a despreciar la miserable carne del hombre: ella puso una fría sonrisa en tu irónica boca: ella te hizo en la sombra el terrible signo fraternal; y de pronto, de un solo golpe, te arrojó sin vida sobre la tierra que tu industria satánica ha cubierto de cadáveres.

Hiciste, como un viejo actor satírico, la comedia de la filantropía y del bien, arrojando tu oro maldito a los inválidos de tus fábricas; y en Capri, isla de fuego y de amor, bañada por el Mediterráneo, en un palacio de oro y de mármol, en las horas nocturnas, vibró tu carne, refinada como la de un antiguo sátiro, en fálicas escenas de placer doloroso.

El Vorwaerts, diario socialista de Berlín, hizo conocer tus verdes cantáridas y arrojó sobre ti sus apóstrofes semejantes a fúlgidas brasas, y he aquí que, a pesar de tus millares de millones la palabra tremenda de un periodista, semejante a un martillazo en el cráneo, te mató en un segundo, en la villa de Essen, en la brumosa tierra de Alemania.

Caíste como fulminado por un rayo celeste; y en el lago de lágrimas que formó tu obra, no rodará una de piedad y de amor... y en el fondo de la tumba tendrás durante un instante, que será un siglo, una pesadilla sobrehumana; el estruendo único de tus baterías; y luego la terrible visión de la tierra bañada de sangre, de las nubes desgarrándose en lluvias de sangre, de las estrellas cayendo de los negros cielos como lágrimas de sangre.

UN LIBRO DE NIETZSCHE

Este libro paradógico y obscuro —como casi todos los del genial autor de Zaratustra—fatiga, a veces, por su abstracción.

Párrafos de un simbolismo inescrutable, carentes en absoluto de sentido literal, os detienen a cada cinco páginas. En ocasiones los vocablos sublineados no prueban sino el pueril deseo de alucinar al leyente con palabras relumbrantes.

Hay algo de infantil en ese panfleto formidable en que el odio destila su ponzoña. A fuerza de ser insolentemente dogmático, hace sonreír... Simula un tan profundo desprecio por la calidad y valer de las más insignes cosas, que el cerebro saturado de análisis descubre fácilmente el artificio.

Ese tono despectivo, de una impertinencia rayana en feroz dicterio, observase en Federico Nietzsche al nombrar a los más altos tipos de la mentalidad humana. Raro es el que se escapa a su diatriba. Arremete contra todo y contra todos con una virulencia cáustica. Sombrío rencor enciende sus frases, que semejan, por su venenosa hermosura, víboras de terciopelo negro estriadas de sangre. Si no se tratara de un extraordinario talento, creeríase su sonante lenguaje, de rudos y crueles epítetos, producto de hidrofóbica envidia.

Pero tan enorme pensador y tan supremo estilista se halla fuera de todo juicio equívoco.

Quizá sistemáticamente vistió sus cerebraciones con túnicas de zarzas ardientes, para poner de relieve, con mayor vigor sus dogmas de satánico orgullo y de frío desprecio por los hombres, las formas y las imágenes, y su temperamento impetuoso que arma en acción, como un tremendo ariete, contra todo lo que fulgura y culmina.

Irradian en su estilo —a veces de un brillo insuperable—, a veces más obscuro que un abismo— los epítetos como luces diabólicas, bailando como gnomos maléficos picados de tarántulas.

Y por entre esa vertiginosa danza clownesca de palabras henchidas de tósigos asiáticos, paréceme ver pasar al terrible demoledor con la faz bonachona de un hombre que se burla de sí mismo, y que se cubre con una máscara negra para asustar a las almas indecisas.

FROYLAN TURCIOS POR EL ESCRITOR FRANCÉS FRANCIS DE MIOMANBDRE

Actualmente Encargado de Negocios de la República de Honduras en Francia, el escritor Froylán Turcios pertenece a esa especie de hombres —particular de la América Latina— que concibe la vida como una cosa completa y para quienes la literatura no es, sino uno de sus aspectos. Los representantes más ilustres de esa raza, la cual, por otra parte, aun en la propia América tiende a desaparecer bajo el imperioso empuje del mecanismo yanqui, fueron, en la época gloriosa de la liberación, héroes y hombres representativos, tales como Mitre, Martí, etc.

La situación de semejantes personajes va siendo cada vez más difícil a medida que la estabilización política y el progreso material, en una palabra, el aburguesamiento de los pueblos, les quita las ocasiones de manifestar su actividad. Y es que son, ante todo, románticos; y la actitud romántica ya no tiene, por así decir, sitio en nuestras sociedades modernas. En éstas viven, pues, como inadaptados, y eso no deja de dar a su vida un carácter patético, que les hace doblemente interesantes.

Dejo para otros más competentes el cuidado de escribir la biografía, por ejemplo, de un Froylán Turcios, que abunda en episodios característicos.

Parece imposible que haya quien no se apasione por el ciudadano de una nación pequeña solo o casi solo contra la formidable potencia norteamericana, para afirmar los derechos de su patria. Para nosotros, que nos limitamos a la crítica literaria, nos alegra hallar en la obra de este paladín moderno las pasiones inempleadas y las repercusiones de su vida pública.

Los tres libros que tengo a la vista: "El Vampiro" (novela), "Cuentos del Amor y de la Muerte2 y "Flores de Almendro" (poesías)[2], a pesar de sus técnicas diferentes, tienen ciertos puntos

---

[2] Estos tres volúmenes han sido editados por "Le Livre Libre" 141, Boulevard Pereire, París. Realmente, los libros publicados, en el siguiente orden por "Le Livre Libre", son los siguientes: "Cuentos del Amor y de la Muerte", "El Vampiro", (Novela), "Páginas del Ayer" (Juicios críticos) y "Flores de Almendro" (Poesía

comunes, ciertas "'constancias". No puede negarse que el autor haya sido impresionado por un Jean Lorrein o por un Antonio de Hayes. Pero en manera alguna es inferior a ellos. Y el solo hecho de que fácilmente les iguale, prueba bastante que no ha tenido que imitarlos. Claro es que tiene su espíritu y en cierto modo su obsesión. Y, además, ha bebido en las mismas fuentes. Rogerio de Mendoza, el héroe de "El Vampiro", pasa varios meses con su amada en la soledad de una antigua casa colonial, leyendo y releyendo los cuentos de Edgar Poe. Claro que este personaje simboliza, con pocas variantes al autor.

La imaginación de Froylán Turcios, obsesionada por el heroísmo y la vida sobrehumana, se mueve cómodamente en la atmósfera del sueño y de la fantasía. Lo sobrenatural acaba por trocarse para él en más verdadero que lo real cotidiano. He ahí en lo que me permito encontrarle superior a Jean Lorrain (a pesar del inmenso talento de éste), porque Jean Lorrain era un escritor parisiense, mundano, aunque muy cerca de la gleba por ciertos aspectos. Lorrain comunicaba con lo fantástico por medio de lo superficial de los venenos y de los excitantes. La fuerza de su estilo hacía lo demás. Pero Froylán Turcios al escribir "El Vampiro" y la mayoría de sus cuentos macabros, da rienda suelta a una multitud de imágenes acumuladas en el curso de una infancia ardiente y terrorífica. Esa razón nos explica que no podemos dejar de emocionarnos al leerle. Tiene algunas violencias y hasta no poca ingenuidad; pero, en cambio, ningún artificio. Muchos años de su vida deben haber transcurrido del mismo modo, y, cualesquiera que hayan sido más tarde las acciones positivas que ha realizado en su carrera política, esa visión idealista y sombría del Universo sigue perdurando en él, mezclándose a pesar suyo, con sus entusiasmos.

Porque Froylán Turcios es, ante todo, una naturaleza entusiasta. El ardor y la pasión le devoran. Y el amor sigue siendo el gran tema

---

modernista). De "Tierra Maternal" ya había publicado una edición. Pensaba hacer una segunda en "Le Livre Libre" que no la hizo. Lo propio pasó con "Presidentes de Honduras" y "Anecdotario Hondureño". Se publica el juicio crítico "Froylán Turcios" del escritor francés Francis de Miomandre, por una cortesía del Profesor José María Espinoza.

de su vida. Todo el amor sin que desprecie ninguna manifestación de éste, ni rechace ninguna de sus formas. La sensualidad más pagana encuentra en él un cantor siempre convencido. Pero a ello mezcla, inevitablemente, otras preocupaciones. La del estetismo y la de lo fúnebre. La palabra "mórbido" acude a cada instante a los puntos de su pluma. Revela una señalada preferencia por los temas macabros. Y sin embargo, la fuerza más auténtica, el resorte más verdadero de su arte, es el cariño a la vida. Cuando se deja llevar de su temperamento, obtiene sus mejores aciertos. Aludo, verbigracia, a esa novela corta titulada Soledad, tan hermosa como una página de Loti", en la que se refiere la historia sencilla y muy melancólica de los amores de un joven rico con una pequeña aldeana. Salen ambos a coger flores y frutos. La naturaleza hondureña es ardiente, embriagadora. La potencia de la sangre y de la juventud les echa, a pesar de ellos mismos, al uno en los brazos de la otra. Y conocen el amor bajo la enramada de los árboles, atravesada por la luz.

"Primera flor de voluptuosidad! ¡Hermosa adolescente campesina para quien fue mi inicial estremecimiento de profundo placer! ¡Virgen balsámica de mi primer amor! Su recuerdo como un perfume inmortal, vive en un paisaje recóndito de mi alma, en un claro del bosque alfombrado de musgos tornasoles, sobre los que caen verdes ramajes cubiertos de guayabas rosadas. Rincón inolvidable en el que conocí el hondo misterio de la vida, y que mi fantasía, a través de los años, ha rodeado de una gracia quimérica".

Después el galán la dice adiós, y parte para siempre, sin volverla a ver jamás. Eso es todo, y no es casi nada: cinco páginas apenas, y no obstante, en esas cinco páginas hay encerrada una emoción profunda. Eso basta para que se sepa que nos hallamos frente a un cuentista de raza. Porque en literatura lo que importa no son los temas, sino la cantidad de experiencia y de sueños que se sabe poner en ellos, lo más a menudo sin quererlo.

Froylán Turcios nos anuncia otras obras: "Presidentes de Honduras", "Anecdotario Hondureño" y "Tierra Maternal". Nadie puede dudar de que cuando trata estos temas tan apasionados para él, puesto que conciernen a una patria a la que tanto quiere, y cuyo amor aspira a comunicárnoslo, escribe páginas emocionantes y acaso impregnadas de pasiones políticas. Pero eso no nos desagrada, porque el autor es de los que saben quemar su injusticia en el fuego de la exaltación. De todos modos, podemos tener confianza: el tema al cual volverá con mayor predilección será siempre esta noble tierra maya, ese suelo sagrado de la América Central, cargado de inmemorial historia, cuya ardorosa belleza ha sabido cautivar perennemente su corazón de desterrado. Que nos comunique la ardiente nostalgia de aquella tierra. Eso nos bastará. Y también a él, porque acaso ahí está la más alta recompensa y el fin supremo de un artista.

París, octubre 10 de 1931.

ANNABEL LEE: UNA NOVELA
QUE NO FUE NOVELA

Don Francisco Cálix Canelas, persona distinguida de la ciudad de Juticalpa, me reveló varios secretos familiares de la localidad con la recomendación que los diera a conocer cuando pasaran varias décadas y fuera oportuno revelarlos. Antes, bajo ningún concepto.

Entre tanto secretos revelables se cuenta el de la señorita fulana de tal, llamada Annabel Lee en el caso, comprometida en matrimonio con zutano, a quien le vamos a dar el nombre de Rosendo.

Los padres de ambos jóvenes seguían al pie de la letra la costumbre colonial de comprometer en matrimonio a sus hijos, varón y hembra, desde que estaban en la niñez, y los comprometieron, sin darse cuenta que el movimiento social introduce variaciones en los acontecimientos.

La joven Annabel Lee era prima de Froylán Turcios Canelas. Ambos leían en el mismo libro, jugaban en el mismo patio, corrían en la misma sabana. Y a medida que crecían, se les veía el uno al lado del otro, montados en briosos caballos en las calles de la ciudad.

Un día, el padre de Rosendo le llamó la atención al padre de Annabel Lee por la intimidad que demostraban los jóvenes en la vida privada y en la pública. La respuesta fue tajante: Annabel Lee y Froylán (el narrador no pudo acordarse como se llamaba éste en la novela) eran primos, no pudiendo aceptar de su amigo una insinuación que significara ruptura de relaciones familiares. Además, para que los comprometidos llegaran a la edad de casarse, faltaban tres años.

El hecho relatado hizo que el padre de Annabel Lee tuviera una entrevista con el jefe familiar de Froylán para exponerle el compromiso que había entre su hija y Rosendo. La respuesta fue que la noticia debía haberse dado con más anticipación para separar a la pareja, siendo peligroso hacerlo en aquel momento, porque entonces los muchachos harían una locura.

El padre de Annabel Lee —un señor feudal de pelo y barba— encerró a la muchacha en una pieza apartada de su caserón, con nutrida escolta familiar diurna y nocturna. Aquella cárcel enfermó a la joven, fue languideciendo, hasta que al fin murió.

Su señor padre había salvado su honor señorial.

Froylán, en el entretanto, creía que Annabel Lee había acompañado a unas tías a la romería anual del Señor de Esquipulas y que le habían prohibido que le informara del viaje. Pero empezó a saber la verdad con el toque fúnebre de las campanas. Y luego con las carreras de las familias pudientes a la casa del señor feudal. Y por último, con su presencia ante el féretro blanco y virginal.

Estuvo a punto de volverse loco. Y más cuando vio: Rosendo, desempeñado el pepel de viudo en el acto, cuando no le había tocado ni el dedo meñique en vida a la desdichada Annabel Lee.

Y termina don Francisco Cálix Canelas: Así fue que Froylán escribió su primera novela titulada Annabel Lee, que con la furia de Vargas Vila maldecía los cielos y la tierra y condenaba con los peores epítetos, las tradiciones coloniales, las costumbres, los prejuicios y las tonterías de las familias pudientes del lugar.

Cuando estuvo terminada la novela, su hermana mayor y su madre de crianza, pues lo crió desde que estaba pequeñito, le pidió la novela para leerla. Los Turcios y los Canelas, gracias a Rafaela, tuvimos ocasión de leerla, para darle nuestro parecer sobre aquel libelo.

Froylán Turcios se denunciaba como un libre pensador, y todos estuvimos de acuerdo en que se rogara al autor que no la publicara.

Rafaela —Lalita— hizo algo más práctico. La introdujo en un bordado cojín, que guardó en el fondo de un baúl, recomendando al mismo Froylán —que ignoraba el paradero de la novela— que al morir le recostaran la cabeza en aquella pequeña almohada de terciopelo.

MEMORIAS DE FROYLÁN TURCIOS

Froylán Turcios dejó la misión diplomática de Honduras en París en 1933. En ese año llegó Tiburcio Carías Andino a la Presidencia de la República y mandó a Francia en substitución del poeta a un señor que había vivido ejerciendo el periodismo y se iba a dedicar a vender pasaportes hondureños a los espías nazis que Hitler esparcía en el mundo.

Turcios hizo su traslado a Roma donde se dedicó a estudiar siglos de cultura antigua, media, moderna y contemporánea, en silencio, apartado, como un simple turista, como Goethe primero, como Byron después y como Bolívar por último. Por eso, años después, reía leyendo en San José una tarjeta que le había enviado un compatriota semi—analfabeta desde la Ciudad Eterna, en la que le decía: "Llegué a esta ciudad hoy. Le dedicaré una semana a sus monumentos. Después pasaré a Atenas a conocer el Partenón".

En Roma escribió la primera parte de sus Memorias. La segunda parte la dedicaría a su viaje a la Tierra Santa, que no escribió.

En 1935 empezó a sentir el calor de la Segunda Guerra Mundial. Los discursos de Benito Mussolini eran cada vez violentos. Pensó en volver a América, Y se trasladó a San José de Costa Rica para estar cerca de Honduras y de su familia.

Turcios regresaba enfermo. Pero con la voluntad de acero que le acompañaba, publicó en su segunda época la REVISTA ARIEL, que dedicó especialmente a notas antológicas americanas, a relatos históricas y a publicar las MEMORIAS DE FROYLÁN TURCIOS, que produjeron una atracción tremenda en el público, pues se desconocía esta clase de literatura.

Froylán Turcios murió el 20 de noviembre de 1943. La mejor frase que se dijo en aquella ocasión, fue la del profesor Miguel Navarro Castro:

"FROYLÁN TURCIOS NACIÓ ARTISTA Y VIVIÓ COMO ARTISTA". ¡Para qué más!

EL ALTO FUNCIONARIO

Un alto funcionario en un gobierno constitucional y democrático es un ciudadano atento a hacer aplicación correcta de las leyes de la República. Por tanto, desconoce la posibilidad arbitraria y la potencia represiva del Estado. Froylán Turcios fue alto funcionario en los gobiernos del general Terencio Sierra, el general Manuel Bonilla y el doctor Francisco Bertrand. Tales gobiernos fueron constitucionales y democráticos. De modo que Turcios aplicó la ley para bien de la República.

Cuando el general Bonilla dio el golpe de Estado en 1904, Turcios se hallaba en Juticalpa, así lo dice en sus Memorias, y regresó, comprendiendo el significado de aquel acontecimiento, que se encaminaba a cortar en redondo la época de la Reforma, razón por la cual las relaciones de ambos personajes perdieron la cordialidad de antes.

Pero en el Gobierno de conciliación nacional del doctor Francisco Bertrand, Turcios insinuó la conveniencia de crear el Día del Árbol para que fuera fiesta de las Escuelas Primarias de la República y un medio de rendir culto a la Naturaleza y de saludar la Primavera.

Introdujo la idea y puso a andar la construcción de Casa Presidencial, que estrenó el Gobierno del General Rafael López Gutiérrez.

También concibió y construyó el Teatro Nacional Manuel Bonilla.

El diario "El Tiempo" fue un órgano que sirvió para darle trabajo a los periodistas y escritores del país, con buenos sueldos.

Turcios dejaba las altas funciones gubernamentales, sin haber cometido una arbitrariedad y sin haber dejado atrás un enemigo.

Hombre de gran cultura no olvidaba aquello de "no hagas a otro lo que no quieras que a ti te hagan".

EL CONVERSADOR

Cuando en una rueda de amigos dispuesta a la charla alegre y despreocupada, alguien mencionaba el nombre de Froylán Turcios, inmediatamente surgía la disposición en todos de documentar capítulos enteros de un variado anecdotario. Y desfilaban las anécdotas, no contra su persona, contadas por él, de diversos colores, de distintas situaciones, de la época del muchacho, de los años de juventud, cuando le habló con voz tonante al general Terencio Sierra, cuando fue ministro, la vez que estuvo —como nuevo Santiago— en los combates del Sur, la vez que lo sitió una enamorada princesa asiria en París, sus conversaciones con Arístides Briand en la Liga de las Naciones, sus correrías amorosas en Roma, la visión celestial de Jesús en la Tierra Santa, el susto que le dio una momia en Egipto, al decirle en medio de la sombra y el silencio milenarios: "Froylán Froyl, has violado mis secreto".

Honduras ha gozado de fama por sus conversadores. En tierra extraña resta influencia al tema, narración o anécdota, el timbre de la voz hondureña, que viene a saber de qué tribus. Es un timbre que no produce desagrado, simplemente llama la atención, y está lejos de atraer como el cubano o de recordar el tango como el argentino. Parece sin importancia esta observación, y la tiene. Y es aconsejable al hombre y a la mujer de cultura, de raíz hondureña, que le busquen su música al idioma, y una vez hallada, que la adornen con el dejo ancestral. Una vez hecho esto, ya verán cómo se les aclara la mente y logran influir en la rueda o en la muchedumbre con la charla o el discurso. En cuanto a Turcios, a fuerza de viajes se había pulido, y eran gracia en él la asperidad de la voz, el grito, el gesto y hasta la expresión insolente en ciertos casos. Turcios había asistido a buenos teatros, había conocido a magníficos actores, y por lo tanto había aprendido a administrarse en la escena privada y pública. Era, particularmente, un conversador inagotable, lleno de relatos en que siempre estaban la gracia y la sorpresa, la imaginación y el atrevimiento, la lección y el regocijo. Quien llegara de visita a la casa de Turcios a las nueve de la mañana, a las doce podía creer que sólo había pasado un cuarto de hora.

Turcios practicaba el arte de la conversación de los franceses, sin caer en el charlatán o en el hablador vulgar. La "causerie" es de salón. Con esto más, que observaba cuidadosamente respetar a las personas ausentes y a los muertos. No sólo las respetaba, los defendía, tal vez no desvirtuando los hechos que alguien revelara de terceros, pero sí colocando en la otra balanza los hechos meritorios de aquellos. Llegaba al extremo de disculpar a las gentes que carecían de disculpa.

—Poeta —preguntábale yo en San José de Costa Rica en 1938: Dígame algo de Mussolini, qué clase de hombre es y qué hace por Italia…

—Viera, amigo —contestaba con su voz enfática— qué tirano tan amigo del progreso. Si pasa usted hoy por un campo lleno de lagunas malolientes y mosquitos, y a los quince días vuelve a pasar encontrará allí palacios y jardines admirables.

Cualquiera creería que simpatizaba con Mussolini; pero bien sabe América que Turcios era enemigo mortal de la tiranía.

Todo se reducía en Turcios a contar:

—Cuando me robé a María Teresa, el apellido no lo menciono porque pobrecita...

Y aparecían en el relato el caballo brioso en que la montó, los guayabos en flor, el chapuceo del agua al pasar el río, la hacienda a que la llevó, los enemigos que se atrajo, en fin, todos los detalles de un rapto ilusorio, que se volvía carne viva y olorosa en la fluidez del relator. En otra ocasión decía:

—Cuando maté a Juan Gregorio —se detenía y agregaba—: perdonen que no les diga el nombre completo del difunto porque sigue pendiente el proceso en el Juzgado de Juticalpa y lo pueden sacar del archivo.

También aquí desfilaban las escenas del caso, la rivalidad por una muchacha de la aldea de Punuare, el encuentro con el rival en las planadas del Coyolar, las palabras violentas que se dijeron, los disparos que se hicieron y la muerte del buen mozo, al que Turcios rezó una oración, dejándole un escapulario en el pecho. Y cuanta narración salía de sus labios se acompañaba de una magia singular. Bien se sabe —como se dice en el medio lugareño— que todas eran mentiras de gran conversador, porque nunca se robó a muchacha alguna ni jamás mató a nadie.

A veces tocaban el portón... golpes que llegaban a interrumpir el silencio que se alargaba. Iba con su andar de agilidad felina y regresaba con un telegrama, diciendo:

—Es un telegrama de familia. ¡Qué decepción! Supe que Lord Montgomery está a punto de morir, y yo no le deseo la muerte pero tampoco se la niego. Espero el cable del suceso y les voy a decir por qué.

Habiendo llegado a Kingston, Jamaica, y estando sentado en la sala del hotel, llegó un señor de distinguida presencia y se sentó a cierta distancia frente a mí. Los aristócratas ingleses no ven a nadie que no sea de su alta Clase. Pero aquel personaje desde que tomó asiento, fijó en mi sus ojos y no los apartó como si pretendiera hipnotizarme…

Al ser visto con tanta insistencia, sentí curiosidad al Principio; pero la curiosidad se fue volviendo enojo, y dispuesto a un duelo si fuere necesario, dejé la butaca y me acerqué al inglés, diciéndole:

—Noto, señor, que usted no ha despegado los ojos de mi Persona desde que entró a este recinto. Quisiera saber el motivo.

Me indicó que me sentara, y me dijo esto:

—Hay una razón poderosa para que lo vea con insistencia. Usted me ha caído bien. Así como lo oye: usted me ha caído bien. Y tan bien me ha caído, que ya vendrá un notario para que escriba mi testamento en que será declarado usted heredero de todos mis bienes. Yo soy Lord Isaac Montgomery con una fortuna de quince millones de libras esterlinas depositadas en un banco de Londres.

Había roto el silencio que ya empezaba a matarnos, y siguió la conversación hasta que se prendieron los focos de la calle.

ATRACCION DE LAS MUJERES

Antes de las guerras mundiales, las; mujeres sólo pensaban en el amor, en el matrimonio, en el amante rico, en el lucimiento en los salones, en las discretas intimidades, y en cosas de este orden. Leían novelas, ya montaban a caballo en monturas tejanas, gustaban de largos paseos, iban a las playas de mar, bebían whisky and soda, en fin. Las jóvenes hablaban de los hombres que les gustaban; las casadas, de sus maridos y de sus hijos; las divorciadas o separadas, eran un largo suspiro, y las viudas, una fuente de lágrimas.

En esos tiempos tan distantes de las mujeres —entre ellas, Presidentes como Lidia Gueisler, de Bolivia, y de las mujeres guerrilleras como la Comandante 2 de Nicaragua, las hijas de Eva tenían dos opiniones—: una, la mayoritaria, que tiempo le faltaba para atender los quehaceres de su casa; y, otra, la minoritaria, que la mujer también debía ser ciudadana, y elegir y ser electa. Pero las de esta opinión eran una minoría, corrientemente intelectuales y solteronas desesperadas.

Como dicen que cada cabeza es un mundo, aquellas mujeres tenían sus gustos y predilecciones. Admiraban y amaban a los guerreros. (no a los militares, que son distintos, simples burócratas). Admiraban o amaban a los poetas, a los escritores, a los artistas de fama. Admiraban y amaban a los millonarios, por sus millones, por su yate y por su whisky and soda.

Turcios estaba en el grupo de los selectos y no buscaba a las mujeres, como Don Juan Tenorio, sino que las mujeres los buscaban a él, como en el caso de Federico Amiel en sus confidencias del "Diario íntimo".

Las muchachas campesinas, sanas, frutales, que sabían leer y recibían la revista "Esfinge" se volvían locas con él. Le escribían cartas que escondían una declaración. Y Turcios se las contestaba con todo el primor posible, con aquella preciosa letra que había heredado del Maestro Pancho Flores y aquella letra con tinta morada que las realzaba. Tener en la pequeña caja de sedas y de joyas una carta de amor de Froylán Turcios era un honor. Las muchachas las besaban cada vez que las leían. Imaginaban que besaban al poeta.

A eso obedeció que escribiera tanto verso amoroso. Las jóvenes del medio rural le pedían canciones. Y las damitas de la ciudad, de la pequeña burguesía y aun de la burguesía, que por costumbre en la sala principal tenían abierto un álbum, era de rigor que apareciera en ellos las alabanzas o las bien enluceradas insinuaciones de los poetas. Y pensando Turcios, en cuanto había escrito en aquella forma, declaraba que de repente iba a publicar un libro que titularía: LA CANCIÓN DE AMOR.

LA PERSONALIDAD DE FROYLAN TURCIOS[3]

Si Clío, musa de la historia en la mitología de los helenos pasara por Honduras con su libro y su punzón (que ya debe haber pasado) para anotar el nombre del hondureño más decisivo en todos sentidos, que hubo en la segunda mitad del siglo pasado y en la primera del presente, a buen seguro que, después de ver a su alrededor, observar a los compatriotas sobresalientes y hacer la apreciación de sus obras, consignaría a Froylán Turcios.

Lo expresado será una sorpresa para muchos cerebros petrificados con los dogmas de la enseñanza oficial, que ha ido escogiendo a los personajes del colonialismo vigente para ofrecerlos a la niñez y a la juventud como gloriosos paradigmas de la patria; y a la vez, ha ido apartando de los selectos a los hondureños que han querido decir con Martí "mi vida me defiende", lo que es igual a decir que observan una conducta intachable.

Froylán Turcios nació en 1875, año más año menos, en la época precisa que agonizaba el capitalismo industrial y empezaba a manifestarse la etapa del imperialismo, etapa superior del capitalismo. Sin hacer alardes de un saber barato, casi podríamos asegurar que los hondureños de aquella época marchaban alegremente dentro de los acontecimientos y operaban con entusiasmo, pero no se daban cuenta del significado de dicha época.

En América Latina que derrotaba el filibusterismo que había hecho estragos en América Central, y en América del Norte, después que Lincoln aniquiló a la Confederación del Sur, república separatista, negrera y esclavista, la economía del continente ascendió en dirección vertical. Los Estados Unidos, naturalmente, con sus grandes recursos y su potencial tecnológico. Y América Latina, con una limitadísima acumulación capitalista, empezaba su desarrollo independiente, soberano y libre.

Pero el desarrollo desigual entre las dos partes del Continente se fue haciendo más objeto y más visible. Estados Unidos cantaba el canto de Whitman, canto industrial, liberal, abierto, potente. Y

---

[3] Nació el 6 de junio de 1875. Murió el 20 de noviembre de 1943.

América Latina cantaba el suyo, con muchas voces y diversos tonos, que se fueron juntando en un solo coro, y así apareció el Modernismo, que tiene su más alta expresión en Darío, en "Cantos de Vida Esperanza".

Turcios nació, creció y comprendió en ese clima ascensivo del capitalismo latinoamericano, que al empezar el siglo XX fue doblegándose con el peso del capital financiero de los Estados Unidos, con la exportación de empréstitos hacia el sur. De ahí nació su "Europeísmo": las relaciones materiales y espirituales debían ser con Europa, principalmente con Francia. De Francia había venido la revolución de Independencia.

Ya con esto es suficiente comprender lo que hizo Turcios en su país:

Desde joven cooperó con los gobiernos de Honduras que seguían manteniendo el impulso del progreso independiente, soberano y libre, impulso que traía su fuerza del siglo XIX.

Sin discusiones que no llevan a nada, introdujo el Modernismo literario en el país y dio a conocer las escuelas francesas como la parnasiana, la simbolista y en general todas las tendencias del arte decadente. Para ello fundó en agosto de 1901 la Revista Nueva, que fue una novedad en Honduras y Centro América para su forma antológica cuidadosamente seleccionada. En 1913 fundó la revista Esfinge, también antológica y selecta, y la cual tuvo tanta divulgación que fue ampliamente conocida en el mundo entero. Turcios había llegado a la categoría de escritor famoso.

Cuando la primera guerra mundial dio muerte a todas las expresiones del capitalismo industrial, Turcios, viendo que la Doctrina de Monroe había pasado de la teoría a la práctica con aquello de "América para los Estados Unidos" fundó la revista Hispano—América para denunciar la política del dólar, los empréstitos, las ocupaciones marineras en Nicaragua; para acusar a los Estados Unidos por haber frustrado la Unión Centroamericana de 15 de septiembre de 1921; y para señalarlos como viles colonizadores, en pleno siglo XX, al imponer los Pactos de Washington a los países de Centro América en 1923.

Honduras se desangraba en la guerra civil de 1924. Los liberales bien armados ocupaban la plaza de Tegucigalpa; y los nacionalistas disparaban desde los cerros que circuyen la ciudad. Según el Ministro Plenipotenciario de los Estados Unidos, Franklin E. Morales, las vidas y los intereses yanquis peligraban en aquella situación, por lo que pidió protección a su gobierno.

El 19 de marzo de 1924 entraba una compañía, batallón o regimiento al corazón de Tegucigalpa, armado de todas armas y se acuarteló en los hoteles próximos. Aquel hecho produjo espanto en la población. Nadie sabía qué hacer. De pronto apareció la hoja de protesta enérgica con la firma de Froylán Turcios, en la que hacía un llamado a todos para enfrentarse al invasor yanqui.

Incontinenti apareció el Boletín de la Defensa Nacional publicado por Turcios, que salía mediante contribuciones vecinales y poco a poco fue agrupando a la población con ardor patriótico. Los montoneros "cachurecos" y "colorados" como también se les llamaba a los nacionalistas y liberales, seguían en sus operaciones de guerra, aunque sus jefes pensaban que de repente la guerra civil podría transformarse en guerra patriótica.

Como el Gobierno era liberal y los nacionalistas pretendían derribarlo, el movimiento antiyanqui que tomó el nombre de Movimiento autonomista pensó en tener su gobierno propio en el Ayuntamiento de la Capital, con el Alcalde, Regidores y Síndico como autoridades supremas.

Pero el Ministro Morales, viendo que los hondureños patriotas le estaban creando un problema superior, decidió regresar a los marinos a su barco de guerra, lo que hicieron el 29 de abril.

Froylán Turcios había librado una batalla campal, en el terreno, con las huestes del imperialismo, que nunca tuvieron el valor de librar otros.

Terminada la guerra civil, derrotados los "colorados" y habiendo tomado el poder los "cachurecos", Turcios, quien ya nada tenía que ver con las facciones tradicionales, fundó la Revista Ariel en 1925, para continuar la campaña antiimperialista norteamericana. Al llegar a la Presidencia Miguel Paz Baraona (1925—1929) pensó en contratar un empréstito norteamericano para invertirlo en gastos públicos y pagar deudas de la guerra civil. Turcios que conocía el secreto de los empréstitos se opuso a su contratación, en una campaña individual que se volvió colectiva. Finalmente, el

EMPRÉSTITO DE LA MUERTE, como le llamaba el escritor antiimperialista no se llevó a efecto; pero Paz Baraona, en venganza, suspendió la publicación de la revista por un tiempo.

En Nicaragua, los conocidos vende—patria quitaron de la presidencia a Carlos Solórzano en 1926. Se encandiló la guerra civil librada por conservadores y liberales. Llegaron los marinos yanquis a pacificar el país. Cambiaba el panorama. El deber de los nicaragüenses era arrojar a todos los invasores. Sólo el joven general Augusto Calderón Sandino interpretó los más caros sentimientos de su pueblo. Con unos cuantos valientes inició la guerra de guerrillas de Las Segovias, con una proclama el 4 de mayo de 1927. Froylán Turcios acudió al llamado de la patria centroamericana, prestándole su cooperación al general Sandino con la propaganda de la Revista Ariel, que llevó el nombre del héroe a la sala de estudio de Romain Rolland, al bohío del Mahatma Gandhi, a todas partes del mundo, y el héroe fue saludado con hurras y palmas porque con su lucha seguía la huella gloriosa de los Bolívares y de los Juárez. Qué pareja tan admirable, la de un guerrero y un escritor, la unión de las armas y las letras.

Pero el imperialismo peleaba con sus aviones y sus tropas en las montañas de Las Segovias, y a la vez lo hacía con sus diplomáticos gangsterianos y los políticos corrompidos de estas regiones que se hallaban a su servicio. El arma de que se valieron estos desarmados fue la intriga, la cual tenía por objeto romper la amistad de Sandino y Turcios, su mejor consejero político, y luego llevar a Sandino a celebrar alianzas con partidos que se disfrazaran de antiimperialistas para encaminarlo a la Presidencia Nicaragua.

Para romper la amistad de Turcios y Sandino, unos intrigantes de Mèxico recogían dinero para la guerra de guerrillas de Las Segovias, se lo embolsaban y le escribían al héroe diciéndole que por medio de Turcios le mandaban tal o cual cantidad. Además, le decían que Turcios daba la impresión en el extranjero de ser él, y no Sandino, el conductor de la lucha antiyanqui. Con estos procedimientos le fueron enfermando el alma a Sandino e indisponiéndolo contra Turcios.

A la vez que sucedía lo expuesto, el procónsul yanqui en Tegucigalpa, George T. Summerlin, le sugirió al Ministro de

Relaciones Exteriores Fausto Dávila que le notificara al Presidente Paz Baraona que su gobierno vería con agrado que fuera reprimida la propaganda de Turcios en favor de Sandino, apoyando su gestión en los Pactos de Washington de 1923. Después de una lucha enconada entre Turcios y Paz Baraona, la Revista Ariel fue suspendida con brutalidad. Esto sucedió en agosto de 1928. Sandino no sabía una palabra de lo que acababa de pasar en Tegucigalpa. La lucha autonomista de Las Segovias había perdido su principal órgano de propaganda en el Continente.

En cuanto a la alianza de Sandino con los grupos políticos que llevaban careta antiimperialista, el héroe le escribió una carta cariñosa a Turcios en la que lo llamaba "Maestro", para hablarle del acuerdo que se proponían, de los objetivos que buscaban del gobierno que establecerían con Pedro José Zepeda a la cabeza y que lo invitaba cooperar en esta nueva operación.

A pesar de la cólera que le devoraba las entrañas por lo que acababa de pasar con el Presidente Paz Baraona, Turcios le contestó a Sandino con buenas maneras, pero con toda energía. Él había acompañado el General Augusto César Sandino en la lucha para arrojar de Nicaragua a los invasores imperialistas, pero no estaba dispuesto a prestarle su cooperación en una guerra civil que buscara la presidencia de la República.

Los dos amigos por una causa noble, rompieron sus relaciones, con palabras violentas.

El tiempo se ha encargado de decir que Turcios es el escritor antiimperialista insuperable en Honduras y en Centro América.

Y que el General Augusto César Sandino es el héroe inmortal.